CEVAPLAR KİTABI

CAROL BOLT

Remzi Kitabevi

CEVAPLAR KİTABI / Carol Bolt
Özgün adı: *The Book of Answers*

Çevirenler: Erol Erduran / Ömer Erduran
Yayına hazırlayan: Neclâ Feroğlu

ISBN 978-975-14-1849-4

BİRİNCİ BASIM: Kasım 2005
YİRMİ DÖRDÜNCÜ BASIM: Kasım 2022

Kitabın bu basımı 5000 adet yapılmıştır.

Remzi Kitabevi A.Ş., Akmerkez E3-14, 34337 Etiler-İstanbul
Sertifika no: 10705
Tel (212) 282 2080 Faks (212) 282 2090
www.remzi.com.tr post@remzi.com.tr

Baskı ve cilt: Seçil Ofset, 100. Yıl Mah. Matbaacılar Sitesi
4. Cad. No: 77 Bağcılar-İstanbul
Sertifika no: 44903 / Tel (212) 629 0615

CEVAPLAR KİTABI
KULLANIM KILAVUZU

1. Kitabı kapalı bir şekilde kucağınızda ya da bir masanın üstünde tutun.
2. Soracağınız soruya on-on beş saniye boyunca yoğunlaşın. Sorular şu biçimlerde sorulmalıdır: "Giriş başvurusu yaptığım iş benim için doğru olan iş mi?" ya da "Bu hafta sonu yolculuk yapmalı mıyım?"
3. Sorunuzu zihninizde canlandırır ya da yüksek sesle söylerken (her defasında sadece tek bir soru sorun), avucunuzu kitabın ön kapağına yerleştirip diğer elinizin parmaklarıyla sayfaların kenarını arkadan öne doğru okşayın.
4. Zamanın doğru olduğunu hissettiğinizde, parmağınızın durduğu yerden kitabı açın. Cevabınız karşınızda olacak.
5. Her yeni sorunuzda bu işlemi aynen tekrarlayın.

BU KİTAPTA TÜM SORULARINIZIN CEVABINI BULABİLİRSİNİZ

Carol Bolt, Seattle'da yaşayan ve güzel sanatların çeşitli dallarında eser veren profesyonel bir sanatçıdır.

HAREKETE GEÇERSEN DURUMU İYİLEŞTİREBİLİRSİN

BU KONUDA ÇOK EMİN OLMA

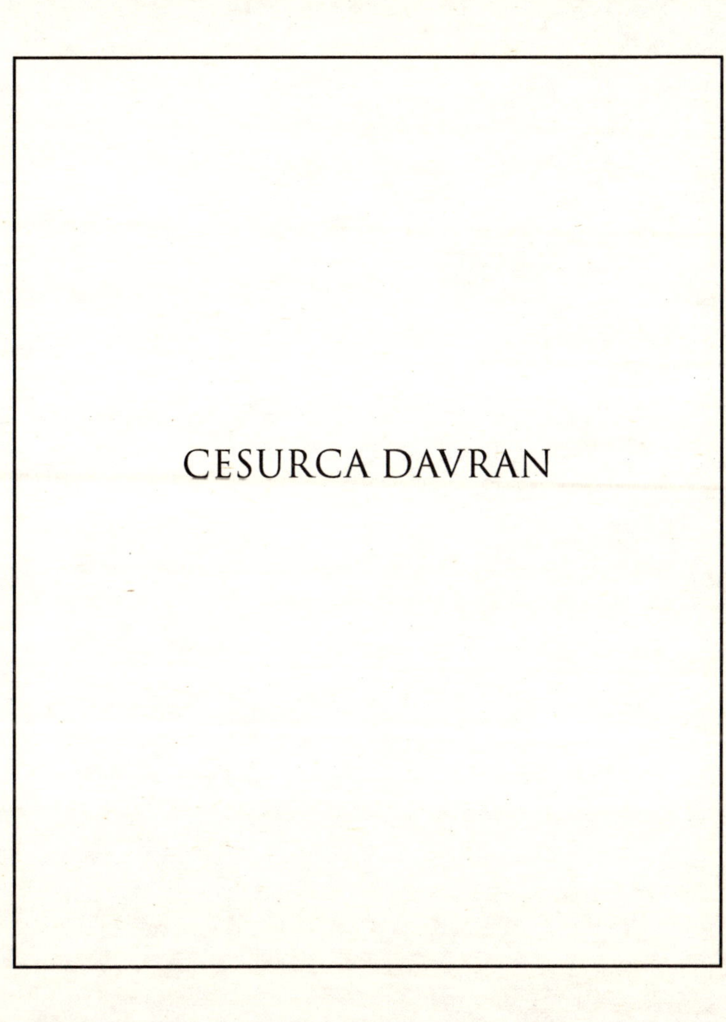

CESURCA DAVRAN

BU İŞİ BİLENLERİN ÖNERİLERİNDEN FAYDALAN

KENDİNİ ÖDÜN VEREMEYECEK BİR DURUMDA BULABİLİRSİN

EV YAŞAMINA DAHA FAZLA ZAMAN AYIR

ÖNCE DURUMU DEĞERLENDİR, SONRA KEYFİNİ ÇIKAR

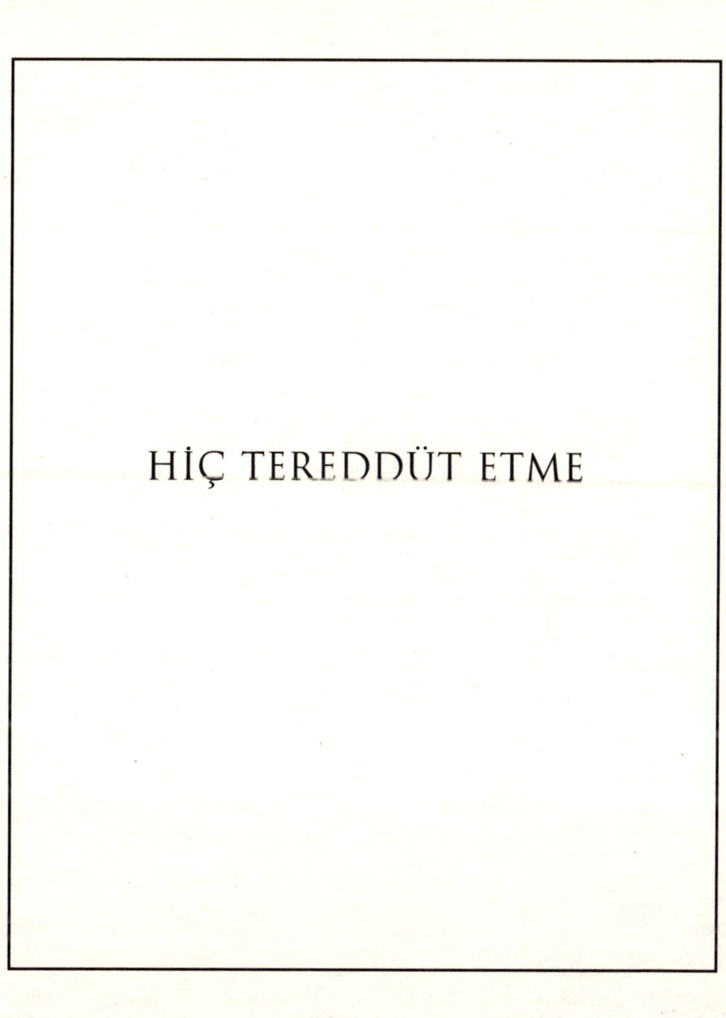

HİÇ TEREDDÜT ETME

BU, HİÇBİR ZAMAN TAHMİN EDİLEMEZ

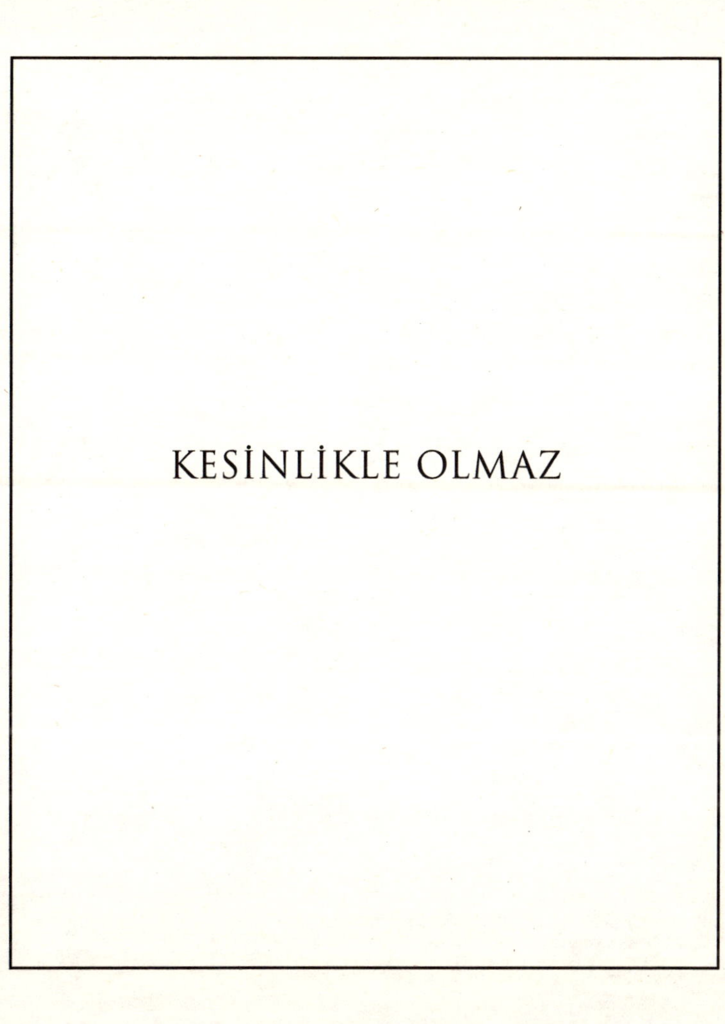

KESİNLİKLE OLMAZ

ÖNYARGISIZ BİR ŞEKİLDE ARAŞTIR

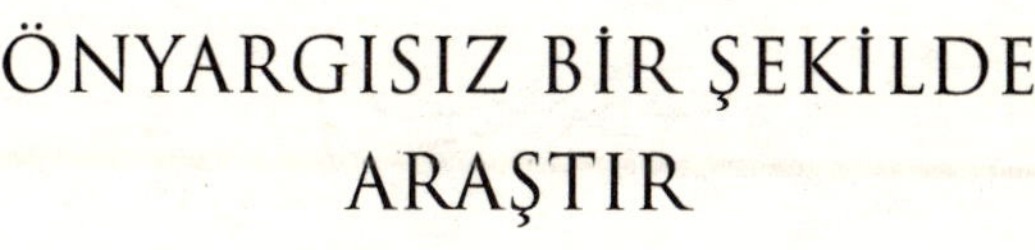

BUNDAN EMİN OLABİLİRSİN

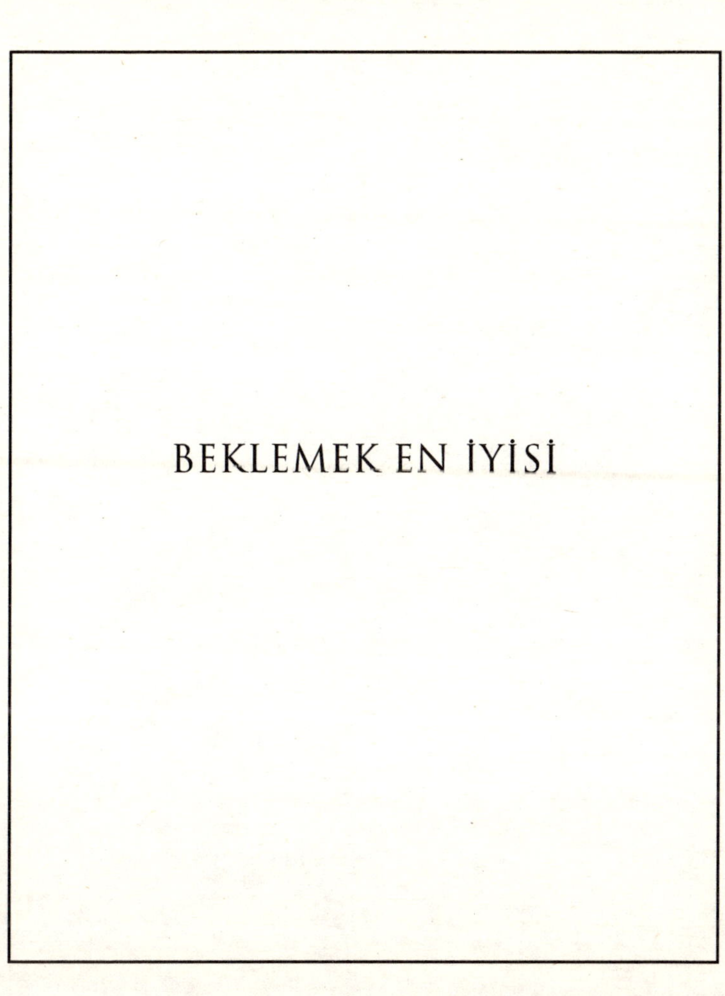

BEKLEMEK EN İYİSİ

BU İŞİN OLMASI KESİN GİBİ GÖRÜNÜYOR

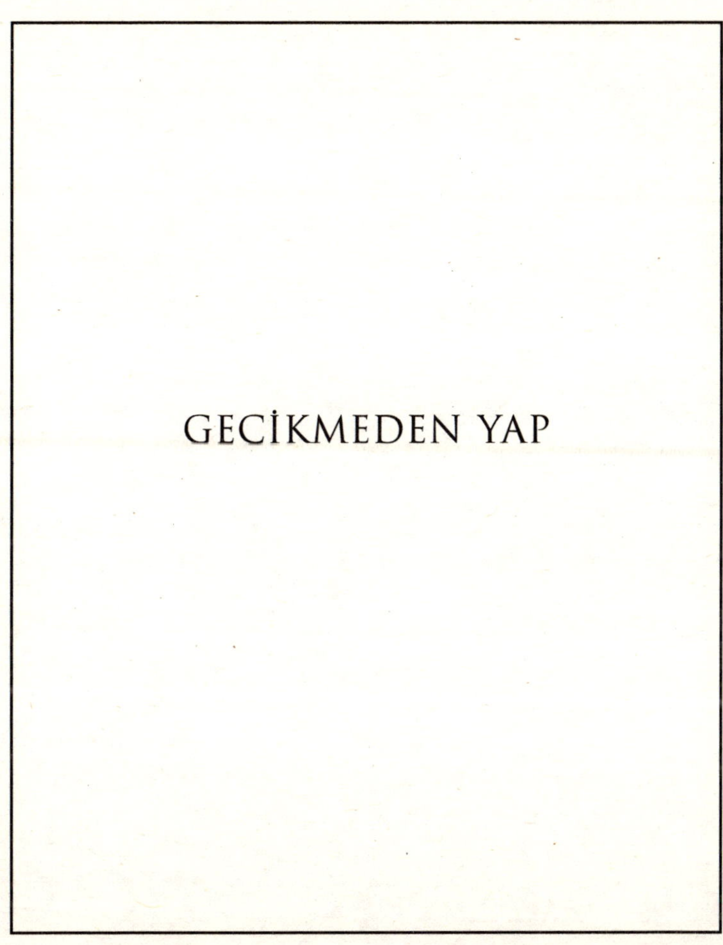

GECİKMEDEN YAP

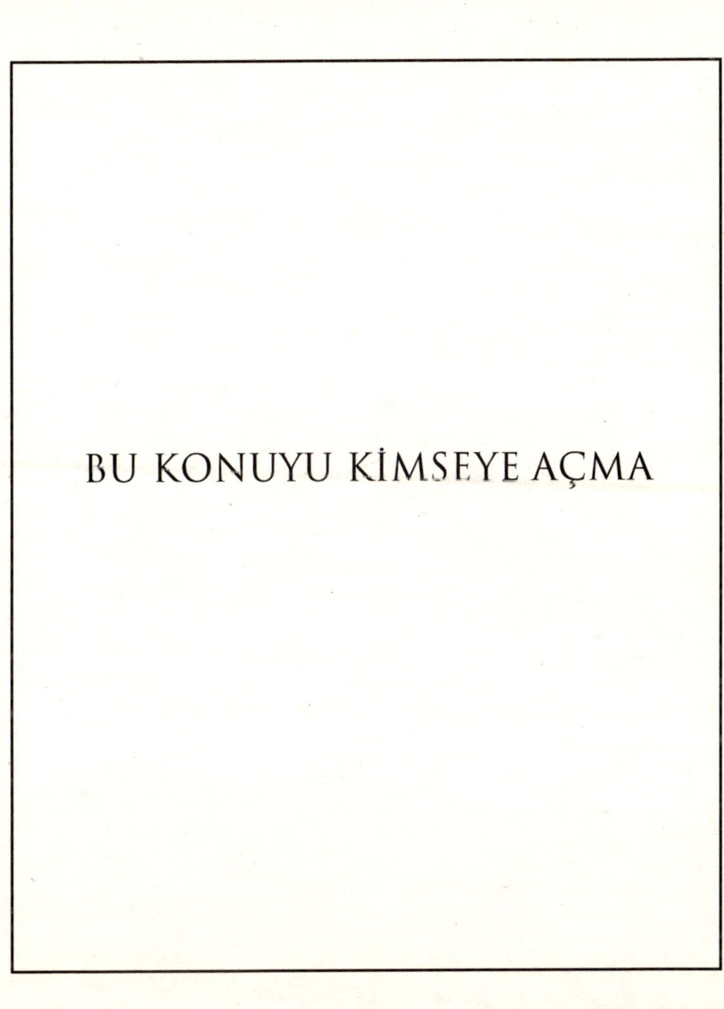

BU KONUYU KİMSEYE AÇMA

BEKLENMEDİK ŞEYLERLE KARŞILAŞABİLİRSİN

BEKLEDİĞİN CEVAP FARKLI BİR YOLDAN GELEBİLİR

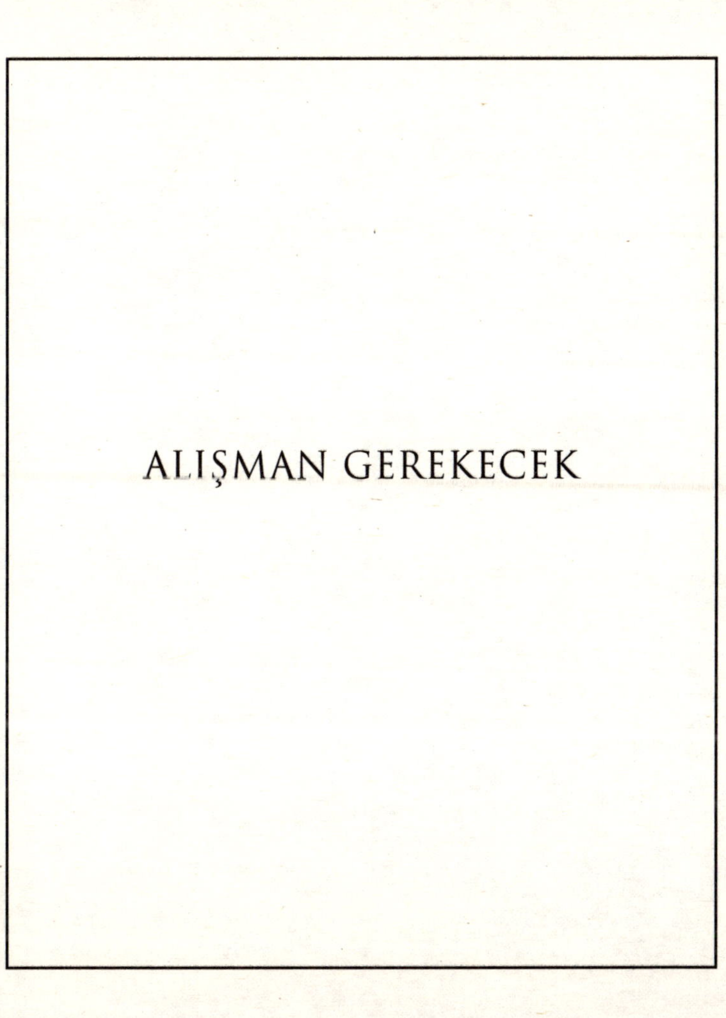

ALIŞMAN GEREKECEK

BUNDAN KUŞKU DUY

BU, SANA ŞANS GETİRECEK

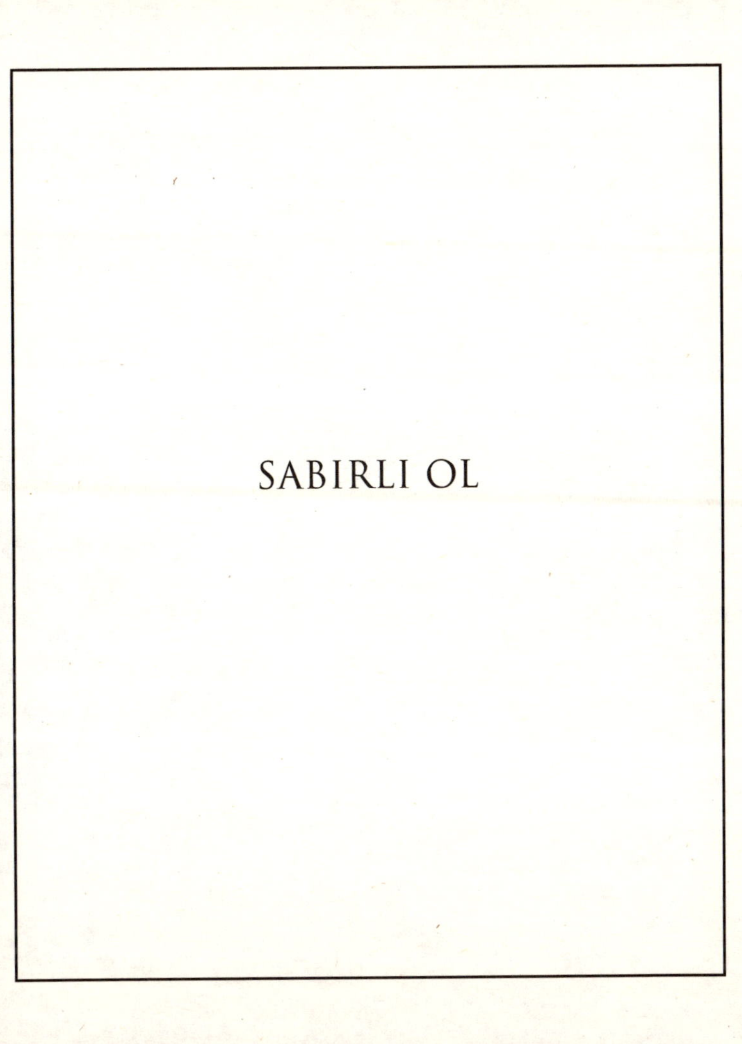

SABIRLI OL

SONUNDA, BİLMEN GEREKEN HER ŞEYİ ÖĞRENECEKSİN

BU, BÜYÜK ÖLÇÜDE BİR
BAŞKA KONUYA BAĞLI

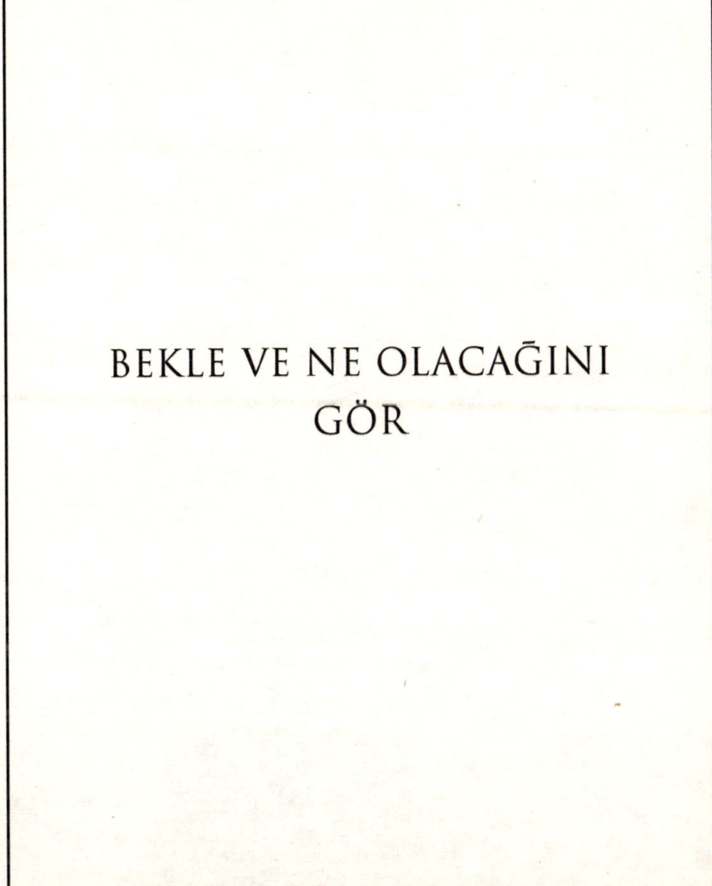

BEKLE VE NE OLACAĞINI GÖR

BU, BAŞKALARININ
SENİN HAKKINDAKİ
DÜŞÜNCELERİNİ
ETKİLEYECEKTİR

YAPTIĞIN İÇİN MUTLU OLACAKSIN

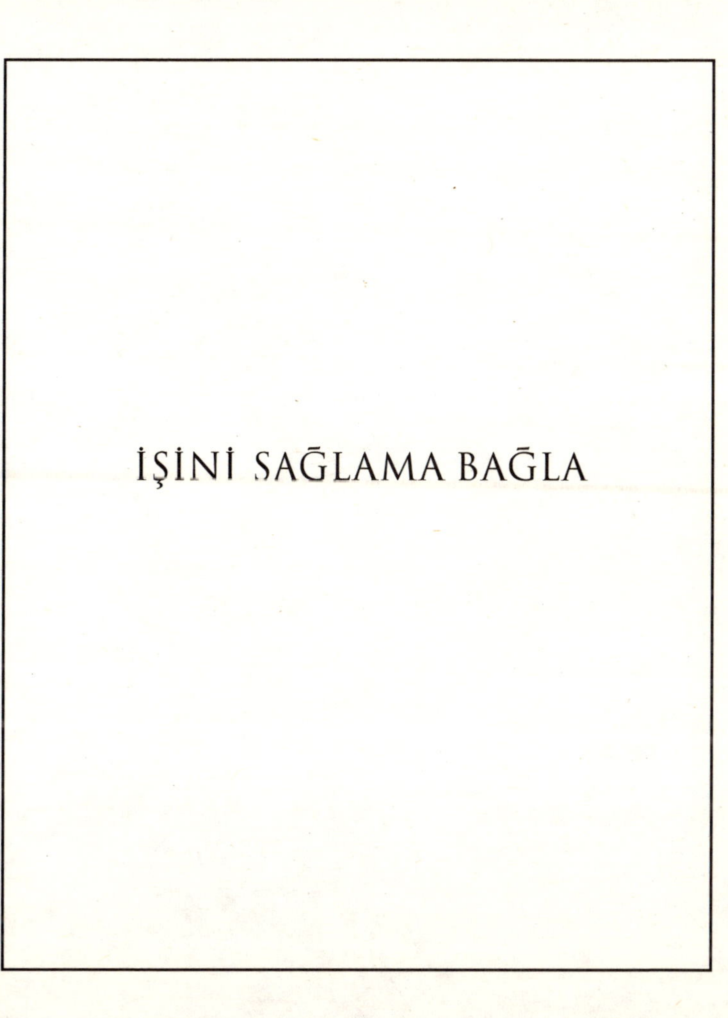

İŞİNİ SAĞLAMA BAĞLA

ŞU AN İÇİN UYGUN
OLMAYABİLİR

DAHA İYİSİ İÇİN ELİNDEN GELENİ YAP

SANA SÖYLENDİĞİ GİBİ YAP

YA DOĞRUSUNU YAP YA DA HİÇ YAPMA

ŞU AN DAHA FAZLASINI İSTEME

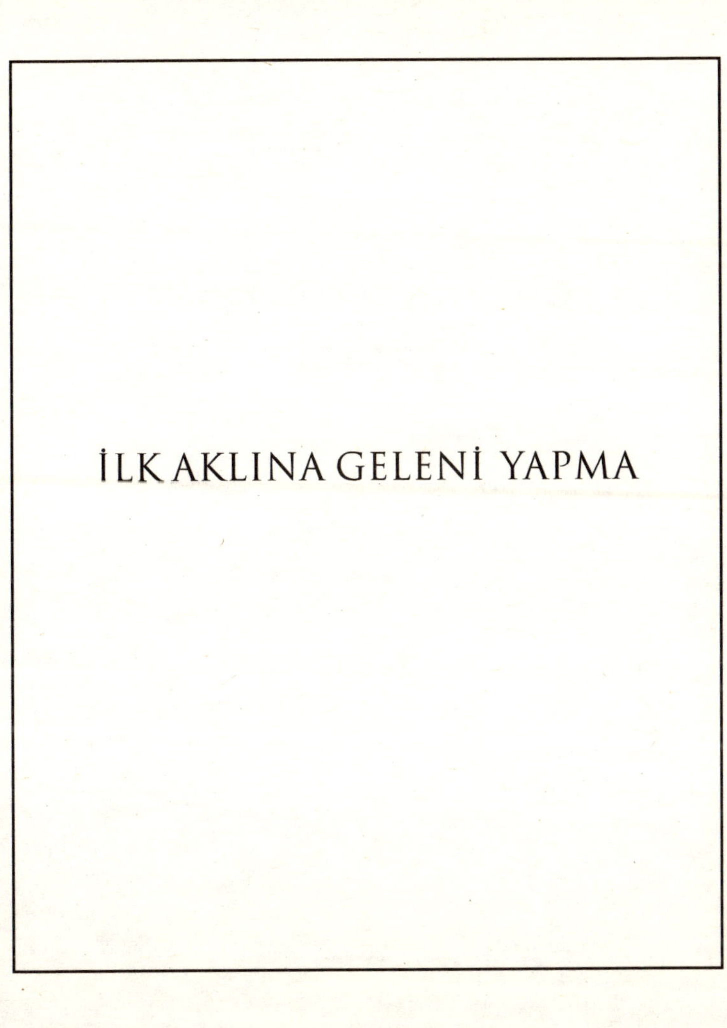

İLK AKLINA GELENİ YAPMA

SON SÖZÜ SEN SÖYLEYECEKSİN

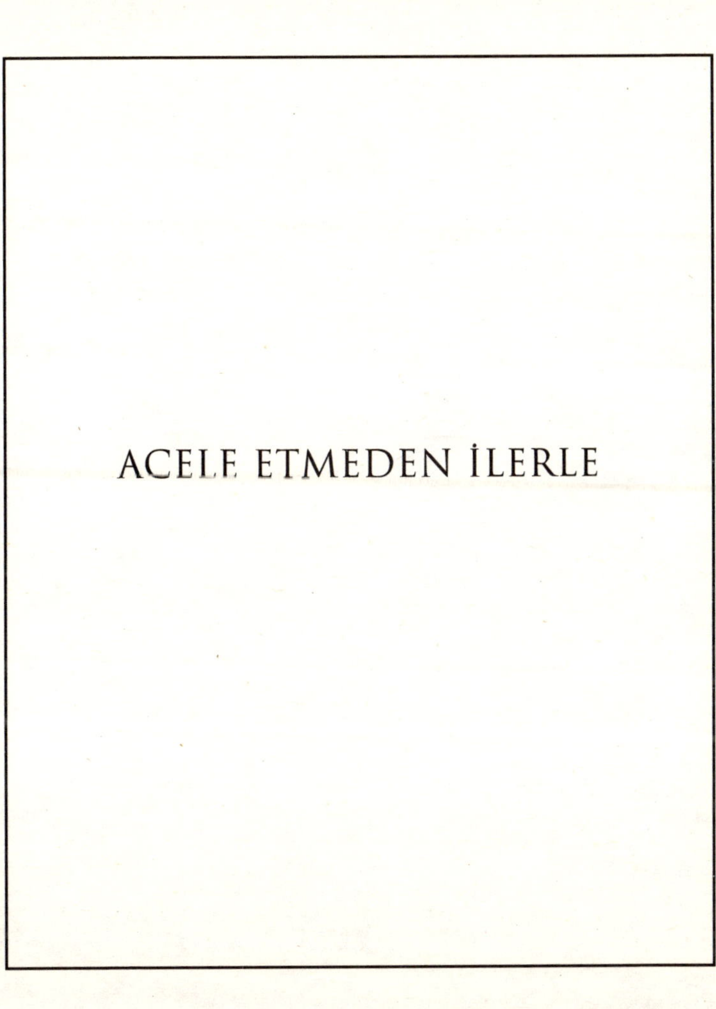

ACELE ETMEDEN İLERLE

İLK AKLINA GELEN ÇÖZÜM EN İYİSİ OLMAYABİLİR

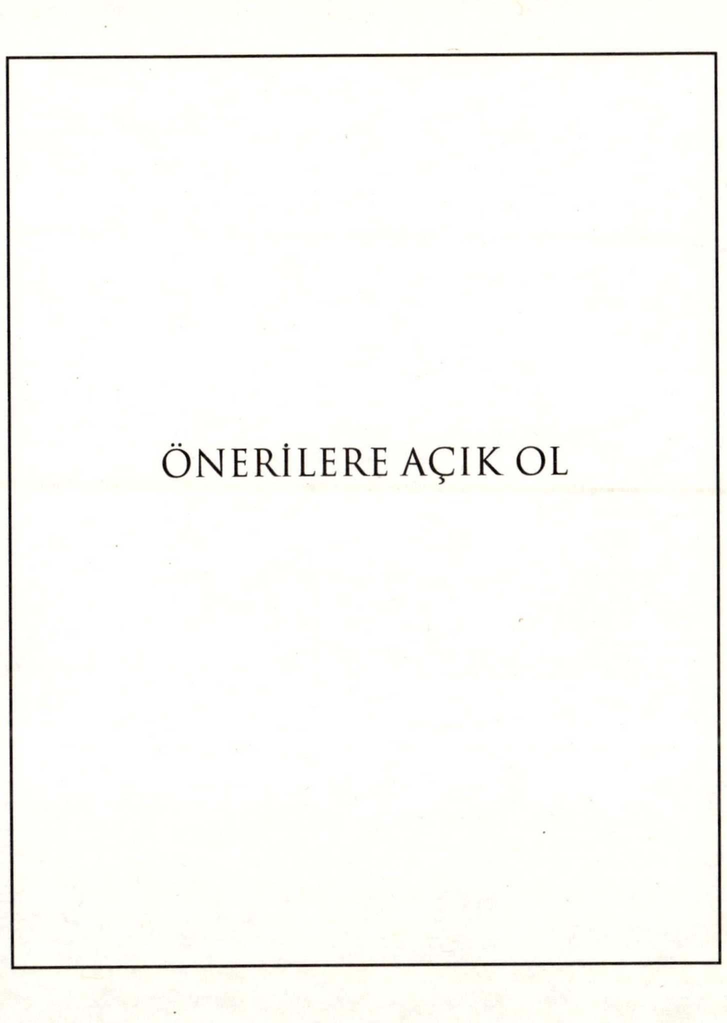

ÖNERİLERE AÇIK OL

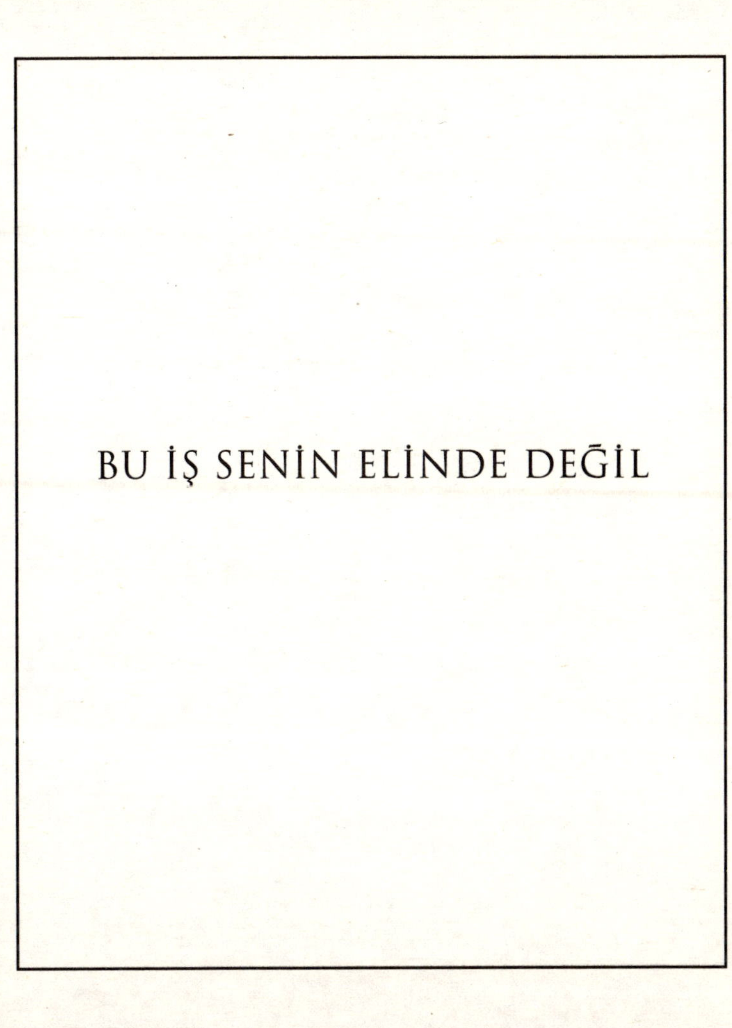

BU İŞ SENİN ELİNDE DEĞİL

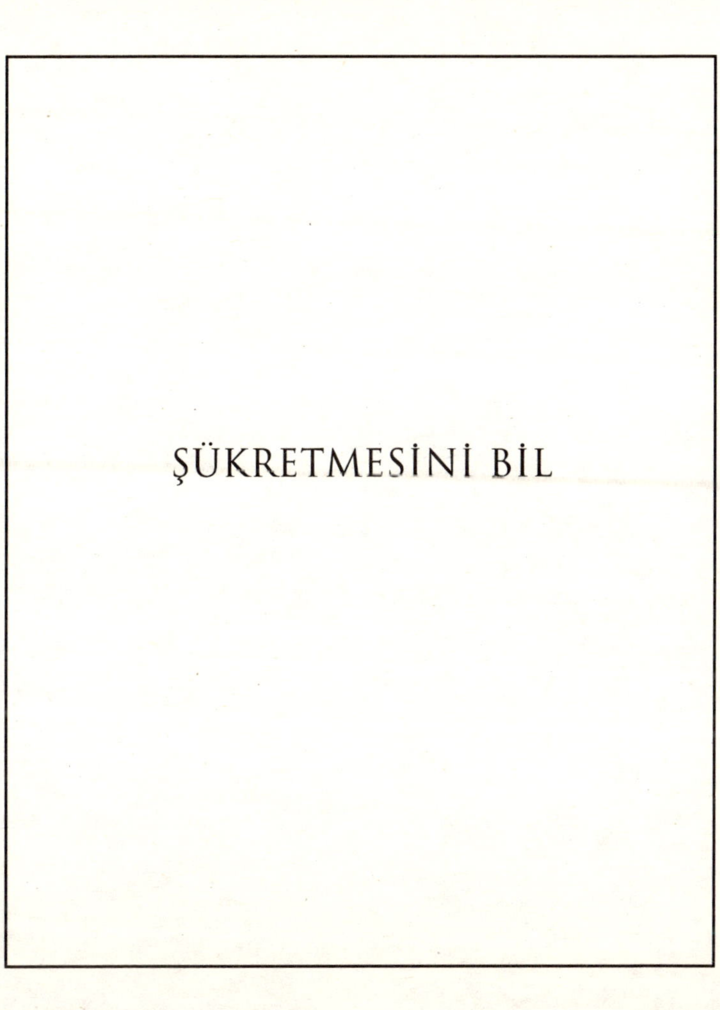

ŞÜKRETMESİNİ BİL

İŞİN KEYFİNİ ÇIKAR

BU KONUYA DİKKATLE YAKLAŞ

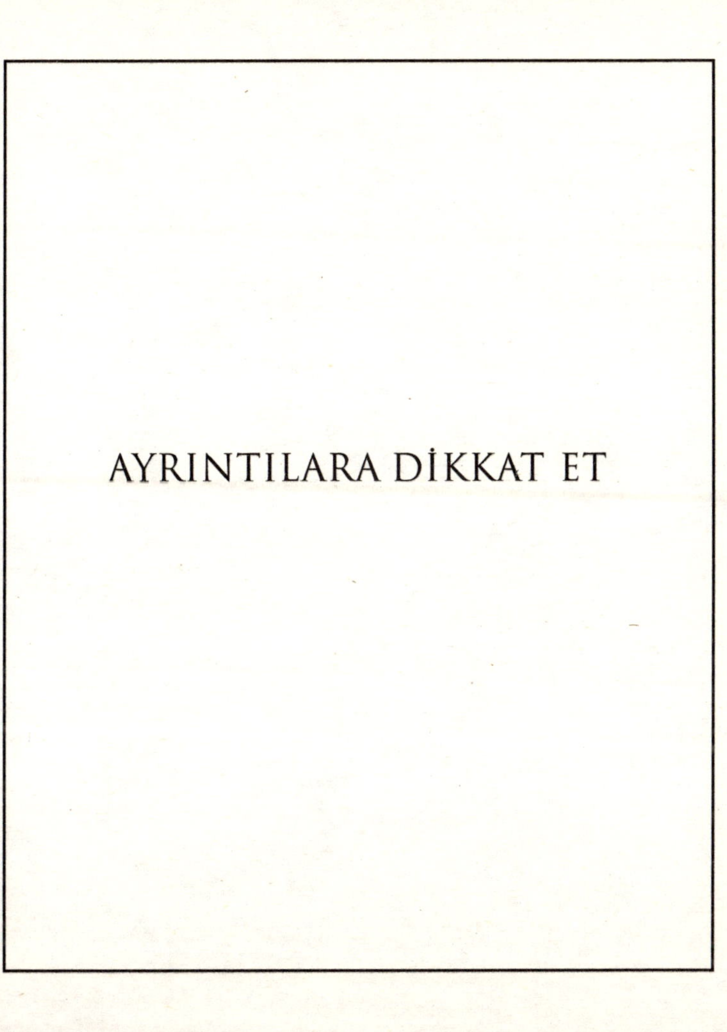

AYRINTILARA DİKKAT ET

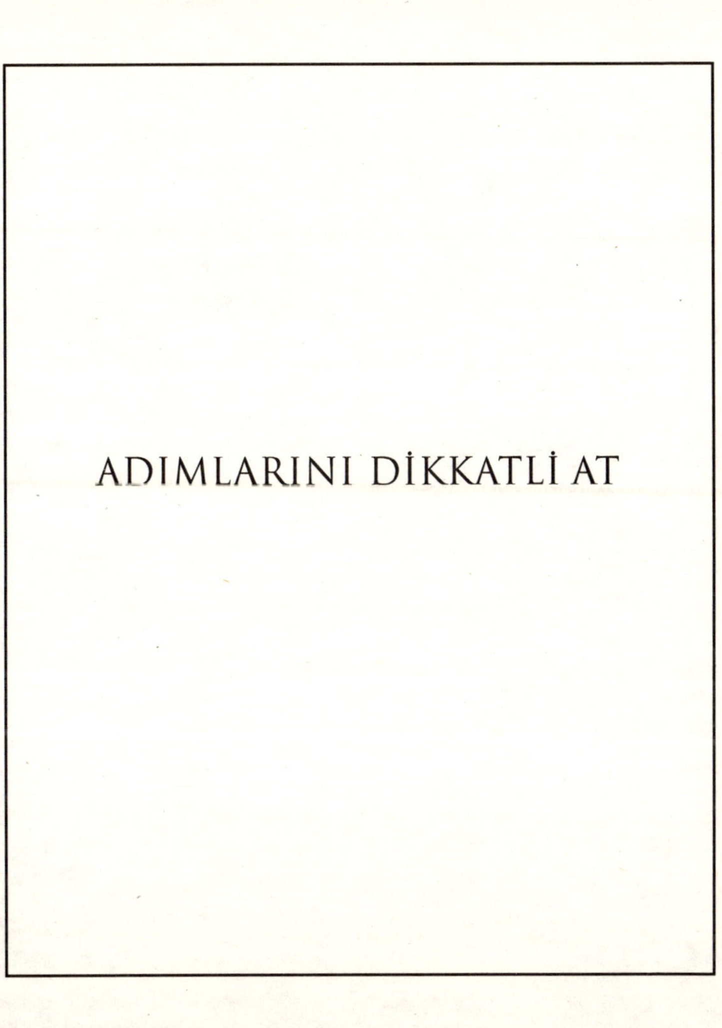

ADIMLARINI DİKKATLİ AT

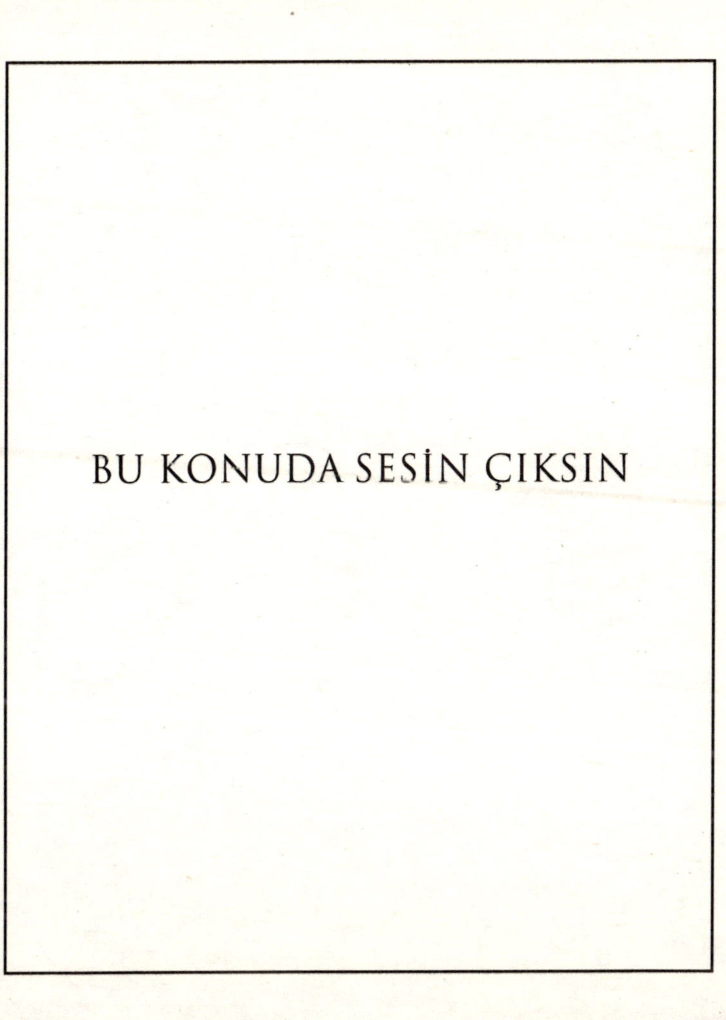

BU KONUDA SESİN ÇIKSIN

HİÇ TEREDDÜT ETME

ŞU AN, YENİ BİR PLAN YAPMAK İÇİN UYGUN BİR ZAMAN

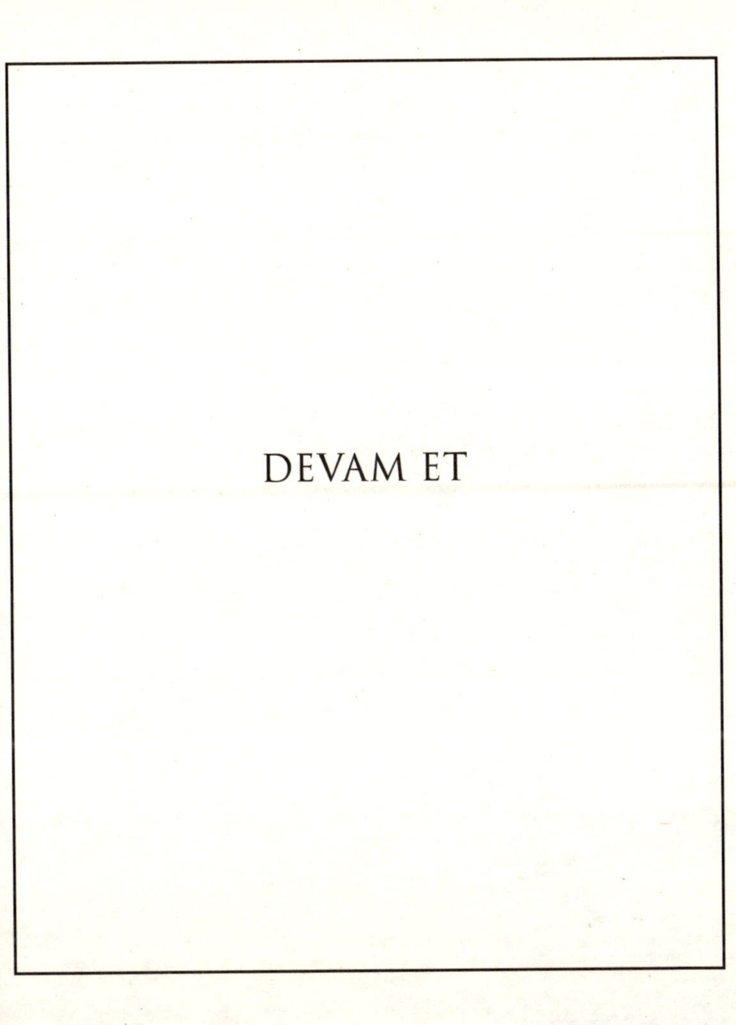

DEVAM ET

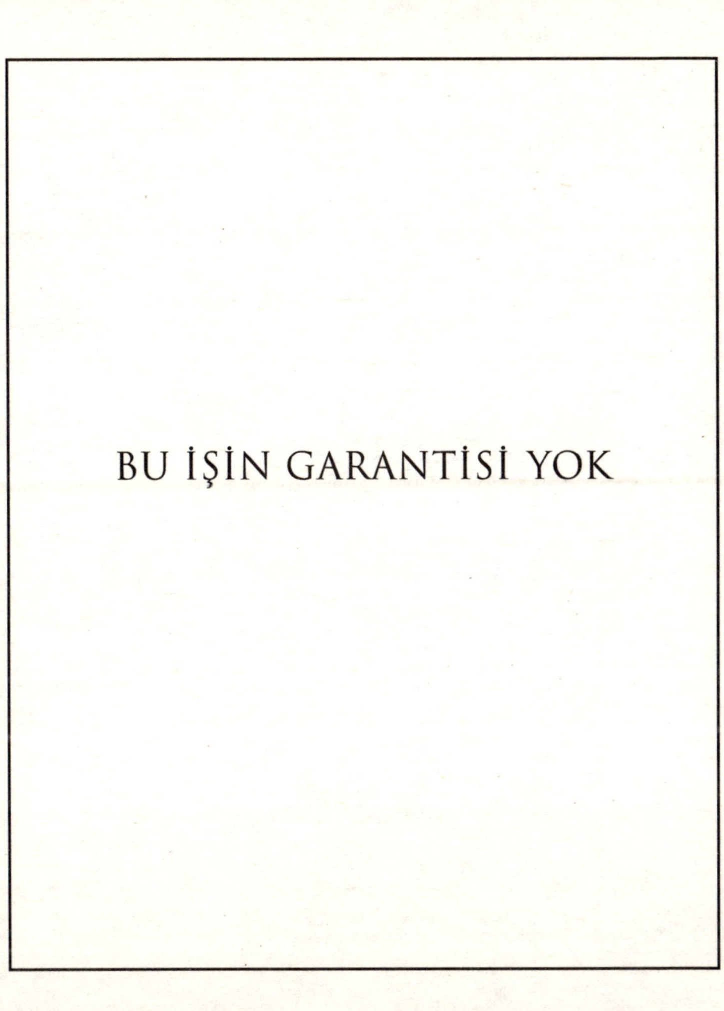

BU İŞİN GARANTİSİ YOK

KOŞULLAR ÇOK ÇABUK DEĞİŞECEKTİR

DUYGULARINA TESLİM OLMA

BAŞKA KONULARA ODAKLAN

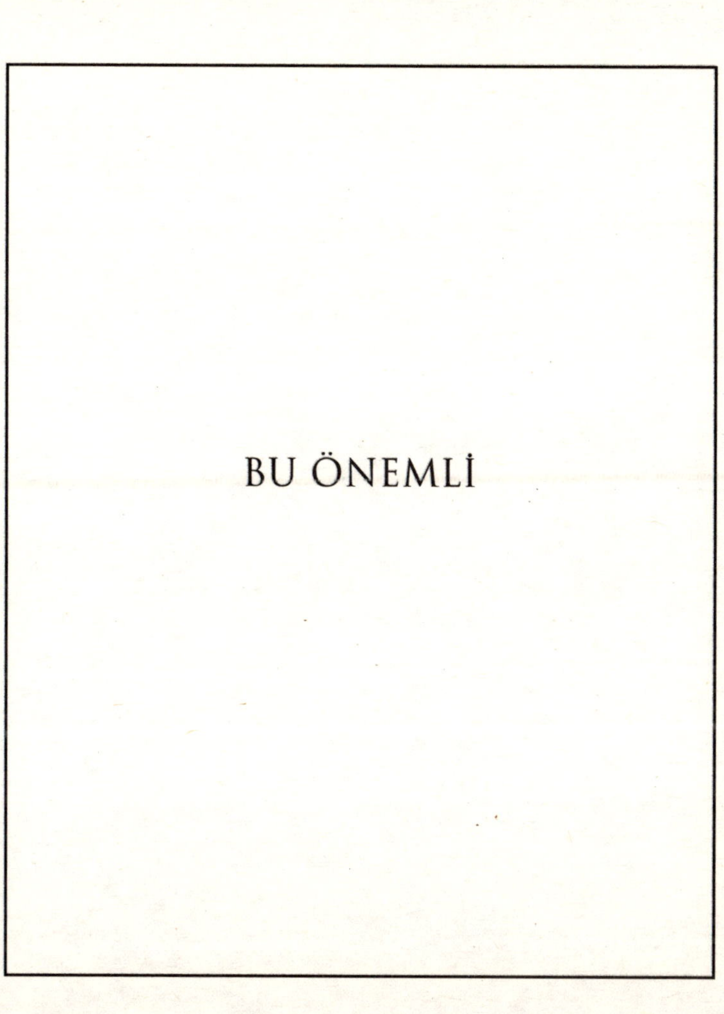

BU ÖNEMLİ

NEYİN ÖNEMLİ OLDUĞUNU YENİDEN DÜŞÜN

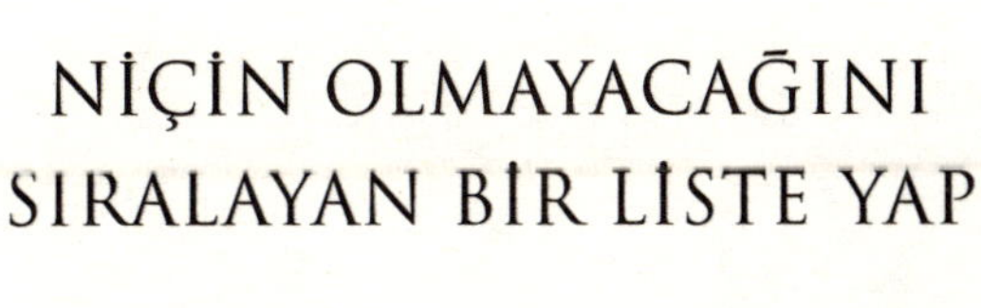

NİÇİN OLMAYACAĞINI SIRALAYAN BİR LİSTE YAP

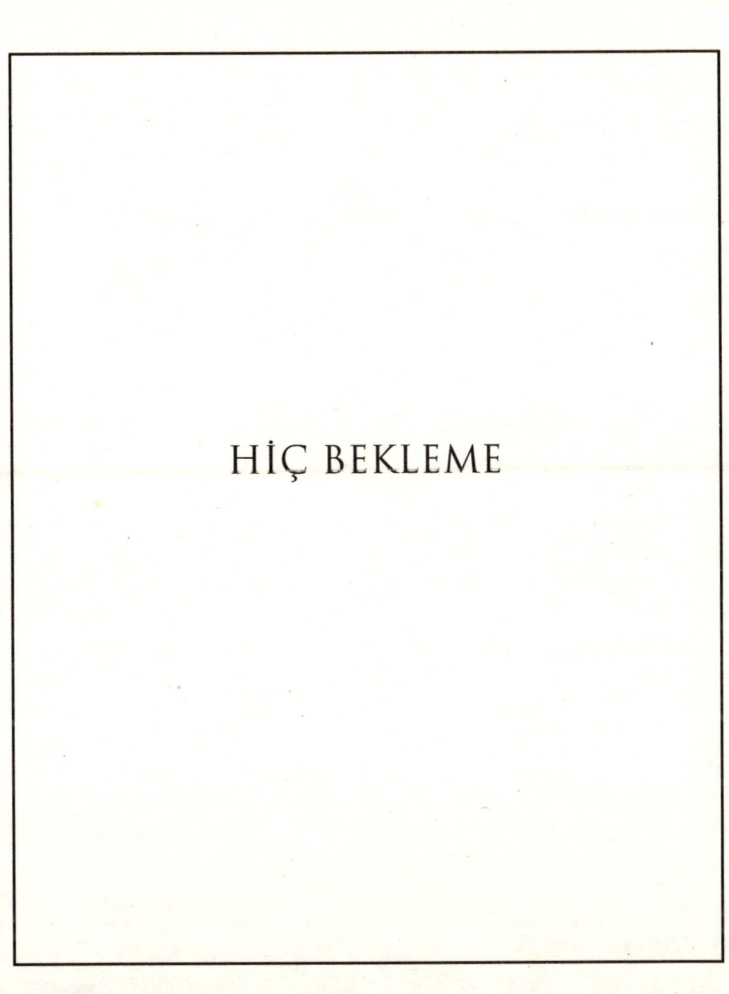

HİÇ BEKLEME

BU, HİÇ UNUTAMAYACAĞIN BİR ŞEY OLACAK

İŞLERİN YOLUNA GİRMESİNİ BEKLE

BAŞKA SEÇENEKLER ARA

SORUMLULUKLARINI YERİNE GETİR

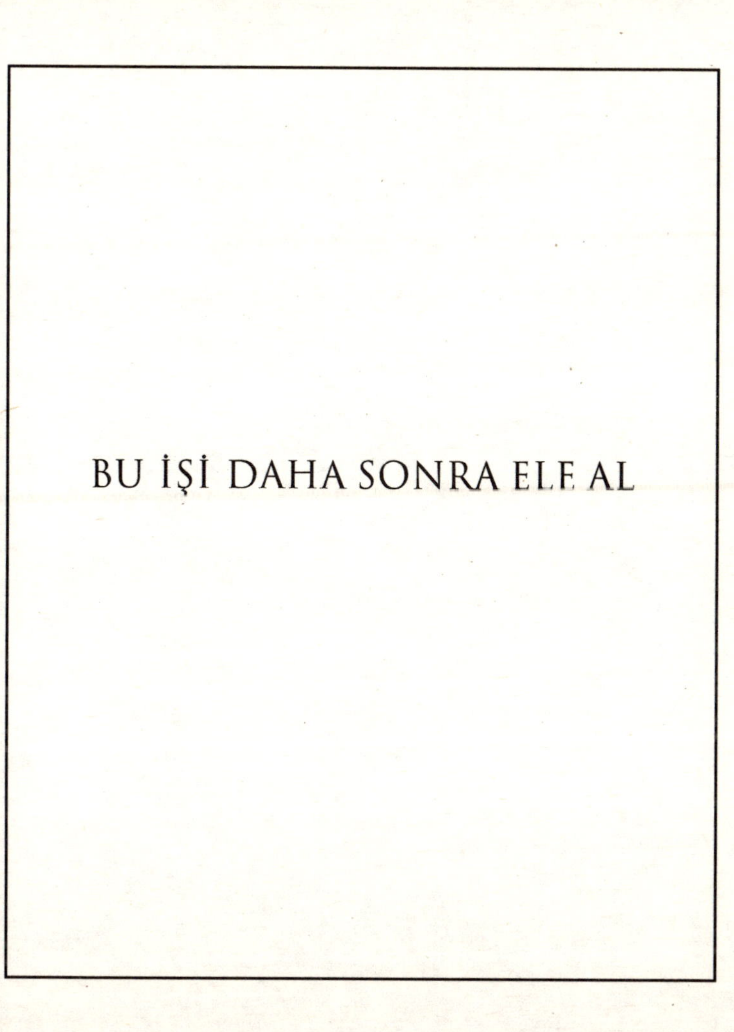

BU İŞİ DAHA SONRA ELE AL

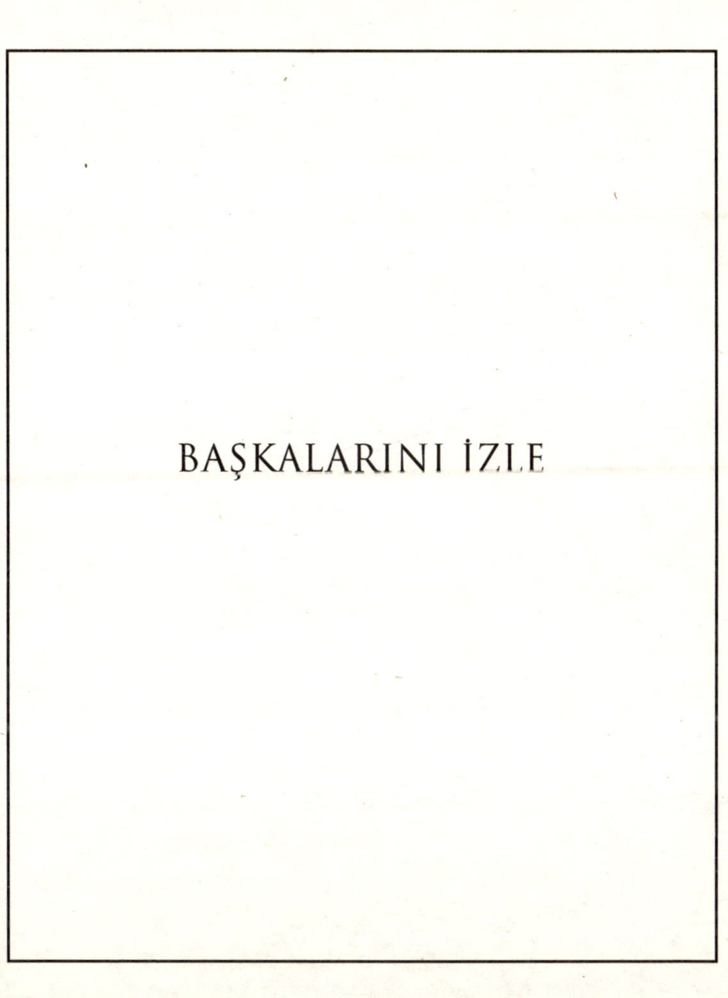

BAŞKALARINI İZLE

NİÇİN OLACAĞINI SIRALAYAN BİR LİSTE YAP

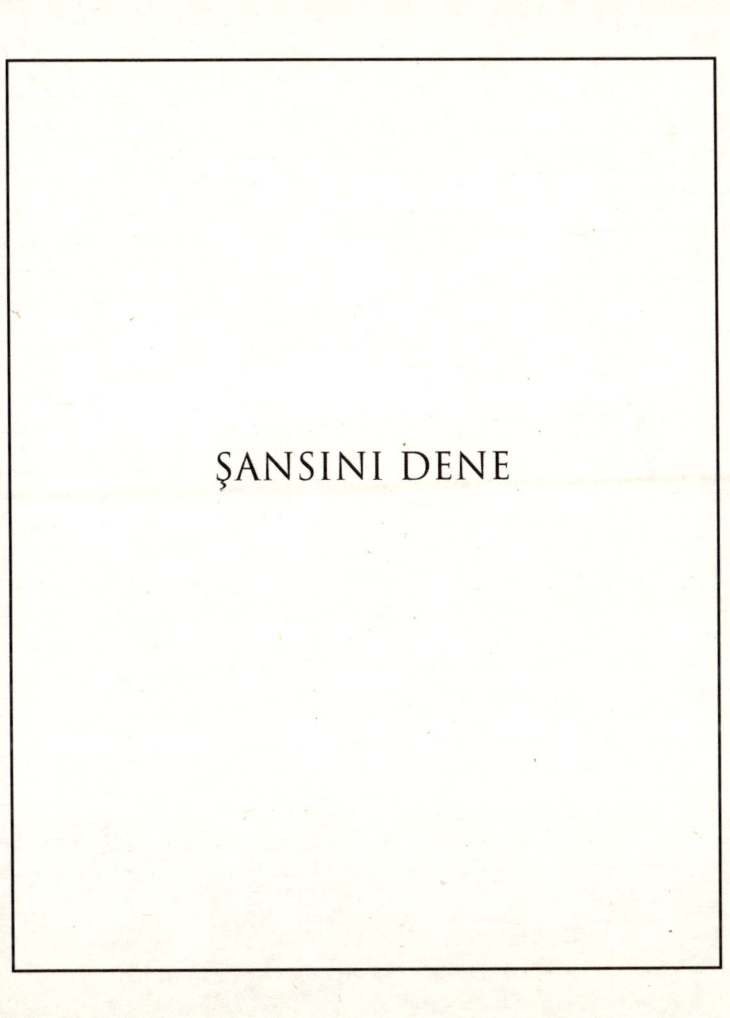

ŞANSINI DENE

HER ZAMANKİNDEN FARKLI BİR YOL İZLE

ÖNDERLİĞİ ELE ALMAN GEREKİYOR

ÖDÜN VERMEN GEREKİYOR

DAHA FAZLA BİLGİYE İHTİYACIN VAR

İLK ALDIĞIN KARARA GÜVEN

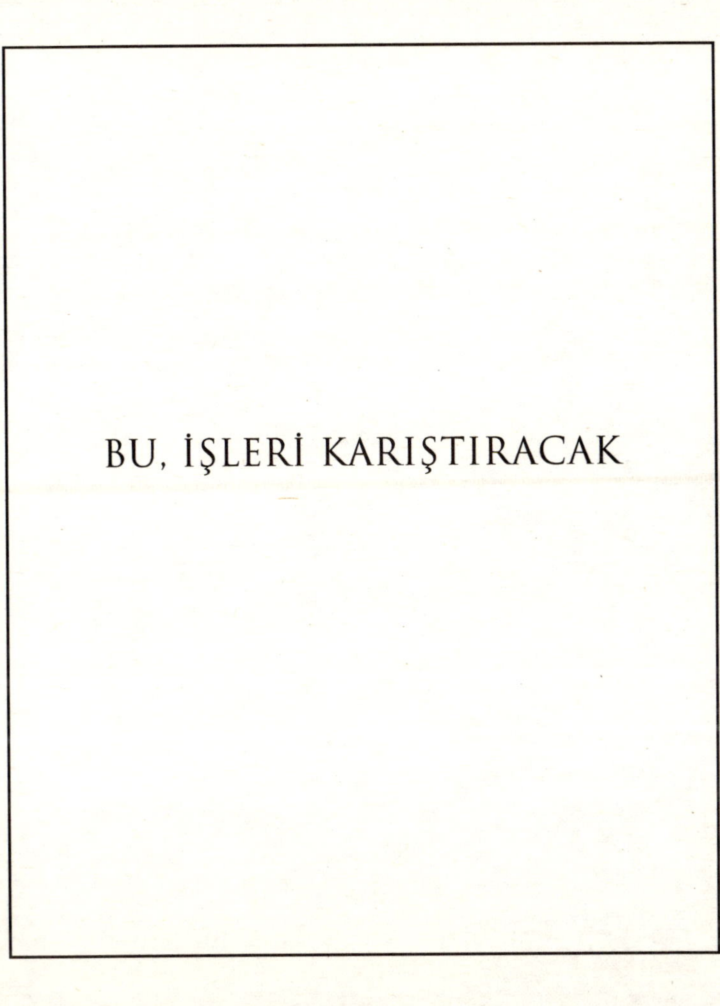

BU, İŞLERİ KARIŞTIRACAK

KENDİ KOYDUĞUN ENGELLERİ ORTADAN KALDIR

İŞİNE ODAKLANMAN DAHA DOĞRU OLACAK

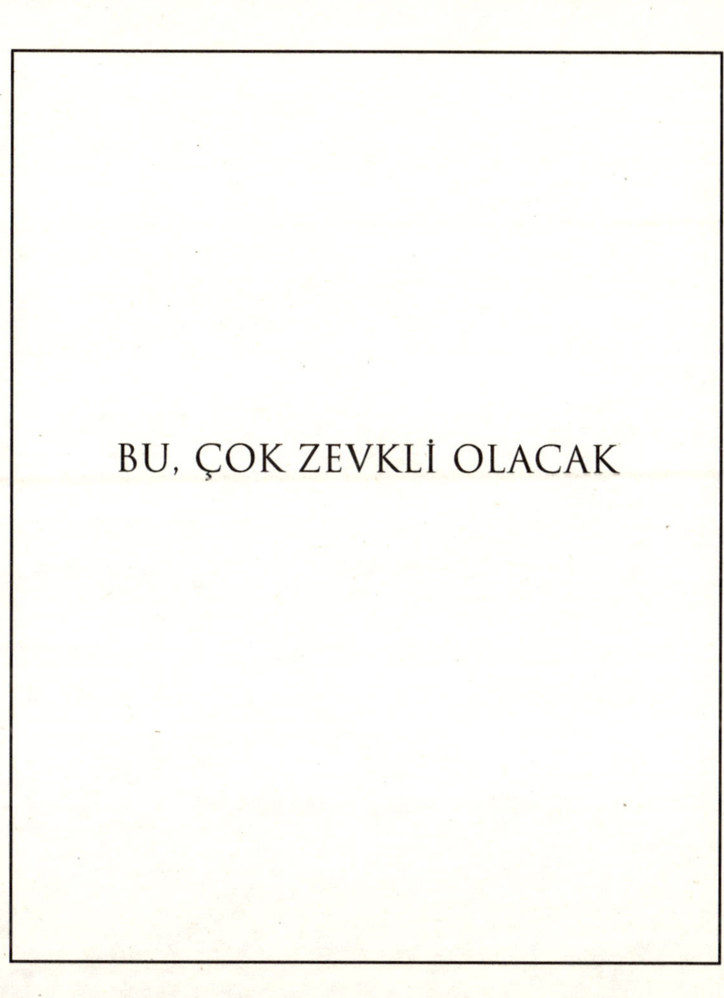

BU, ÇOK ZEVKLİ OLACAK

DAHA CÖMERT OL

BUNDAN EMİN OLABİLİRSİN

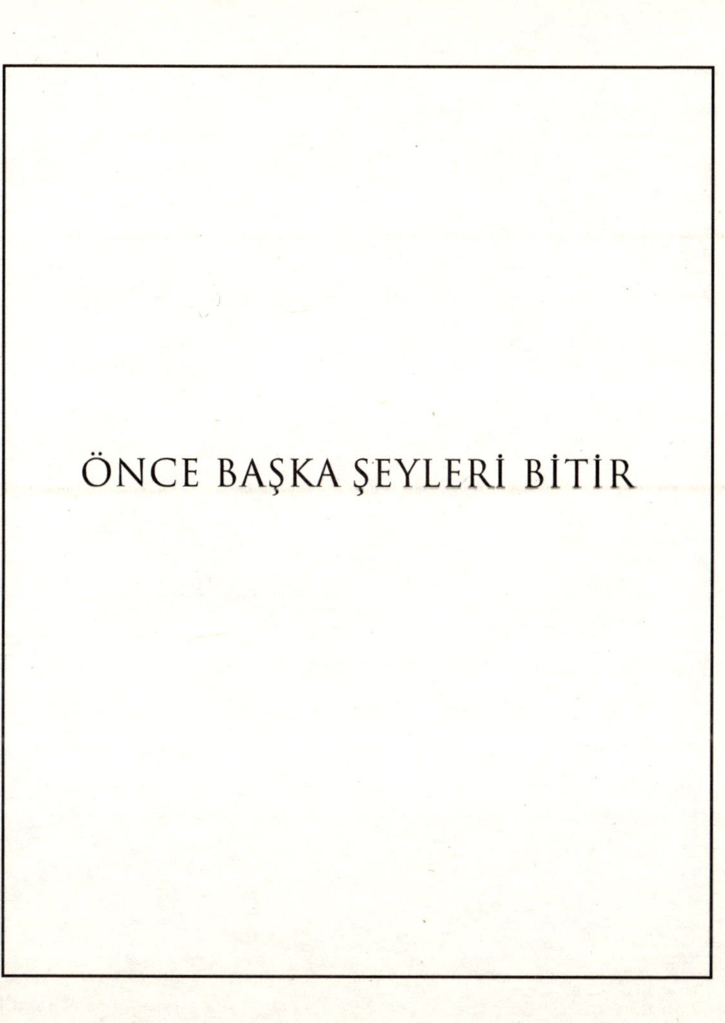

ÖNCE BAŞKA ŞEYLERİ BİTİR

SANA KARŞI ÇIKANLAR OLABİLİR

ÇOK YAKINDAN BAKTIĞIN İÇİN BÜTÜNÜ GÖREMİYORSUN

DURUM NET DEĞİL

CİDDİ BİR ÇABA GEREKİYOR

ÖNCE, DİNLENMEK İÇİN KENDİNE ZAMAN TANI

BU FIRSAT TEKRAR ELE GEÇMEZ

YAKLAŞIMINI YENİDEN GÖZDEN GEÇİR

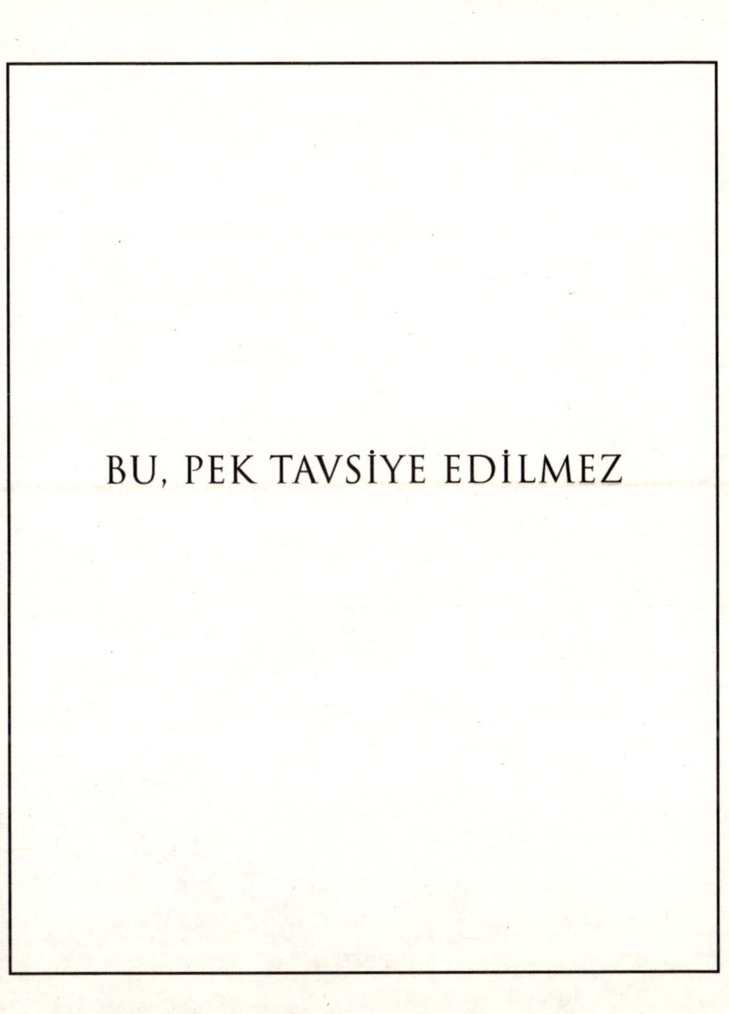

BU, PEK TAVSİYE EDİLMEZ

DAHA İYİ BİR FIRSAT BEKLE

FAZLA VAKİT GEÇİRMEDEN SONUÇLANDIR

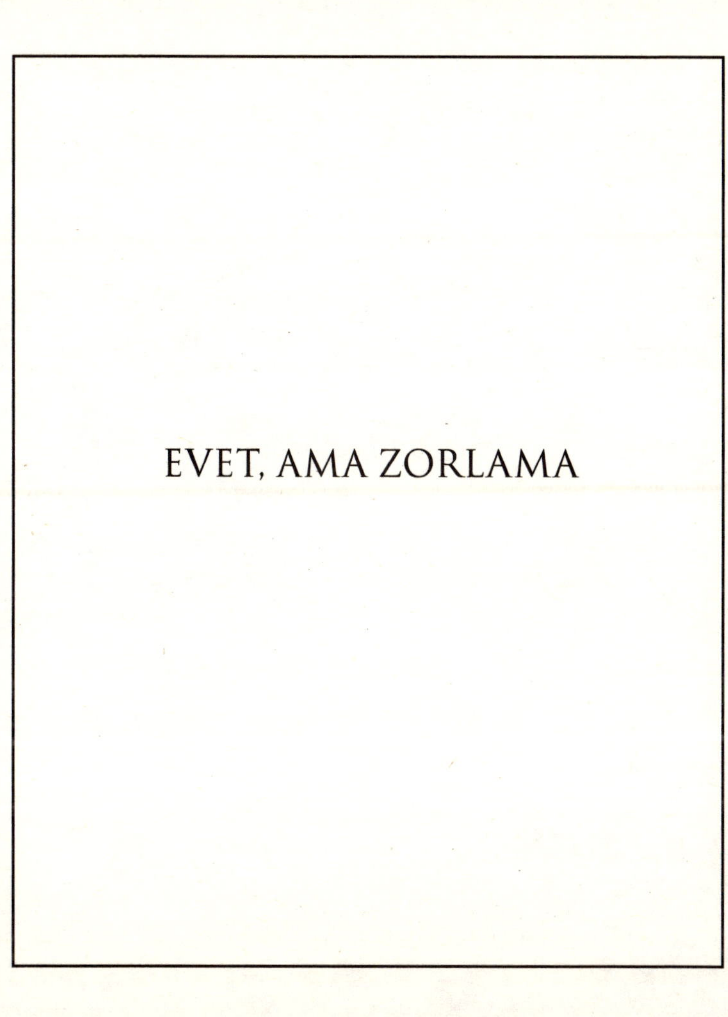

EVET, AMA ZORLAMA

OLAYLARI DAHA NET GÖREBİLECEĞİN BİR BAKIŞ AÇISI SEÇ

ŞANSINI DENE

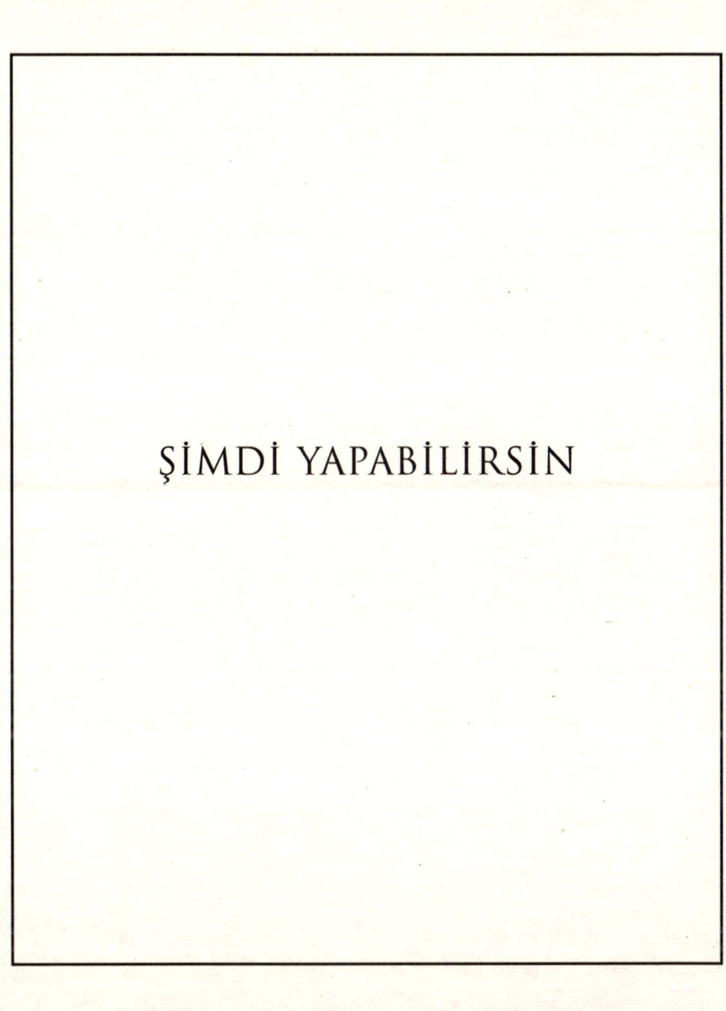

ŞİMDİ YAPABİLİRSİN

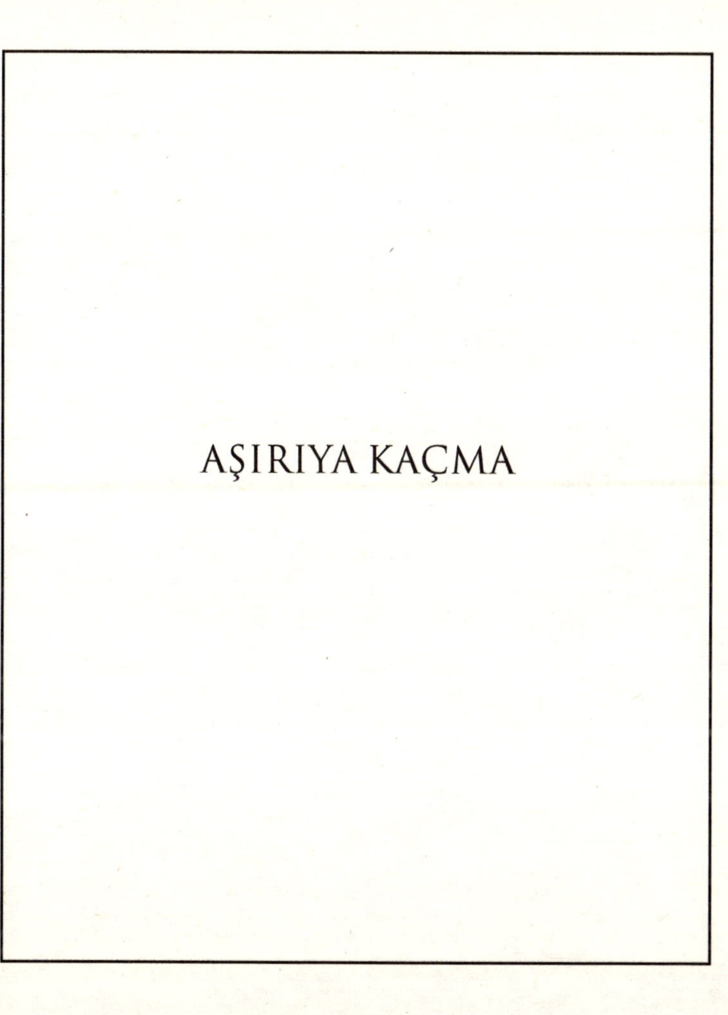

AŞIRIYA KAÇMA

SANA ÖNEMLİ BİR DESTEK OLACAK

SANA PAHALIYA PATLAYACAK

BUNUN, İŞLERİ DAHA
CAZİP HALE GETİRECEĞİ
KESİN

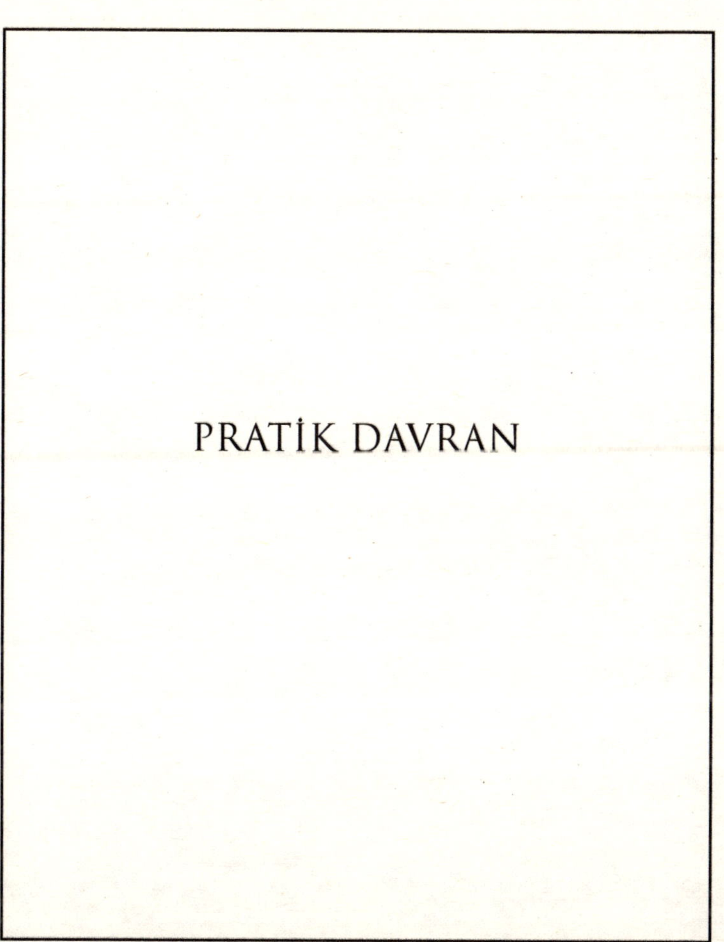

PRATİK DAVRAN

BOŞUNA ÇABA SARF ETME

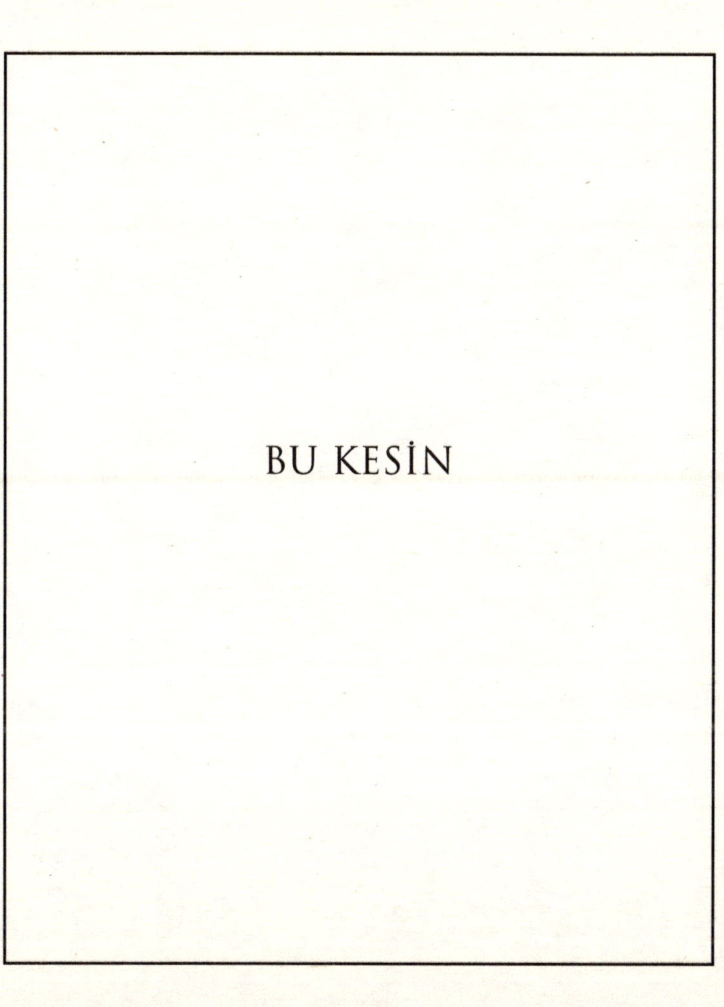

BU KESİN

BU KESİN DEĞİL

SONUÇ OLUMLU OLACAKTIR

NE OLURSA OLSUN

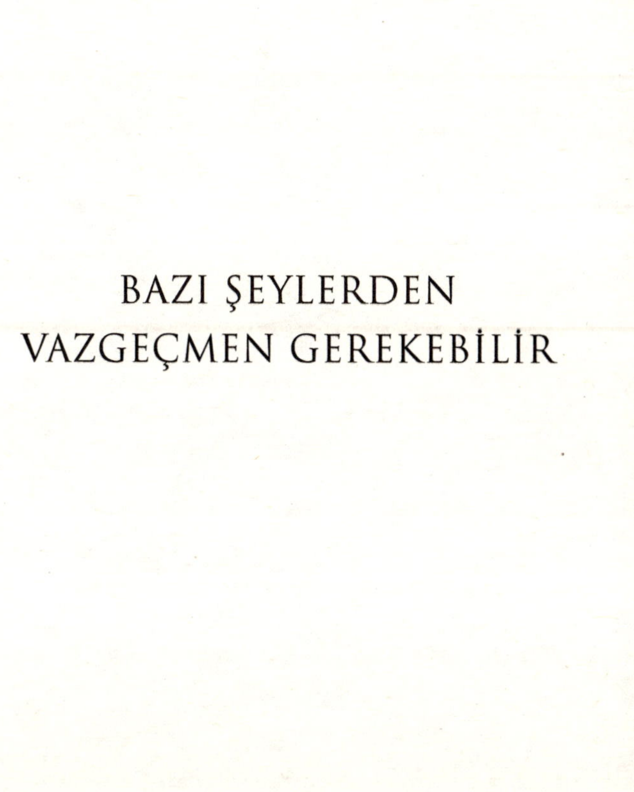

BAZI ŞEYLERDEN VAZGEÇMEN GEREKEBİLİR

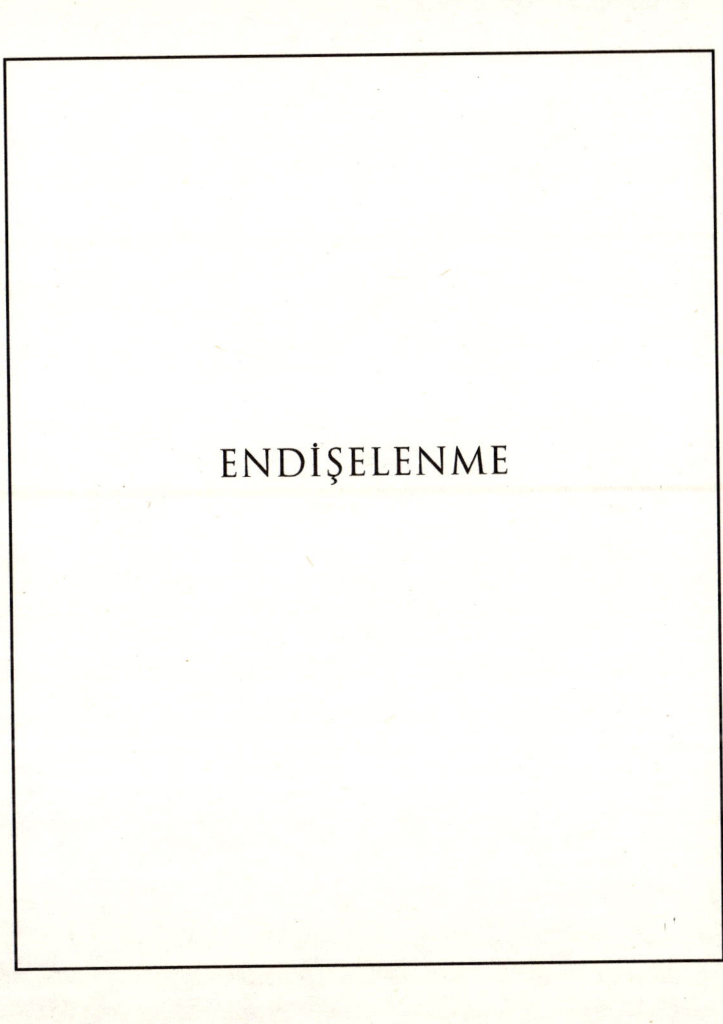

ENDİŞELENME

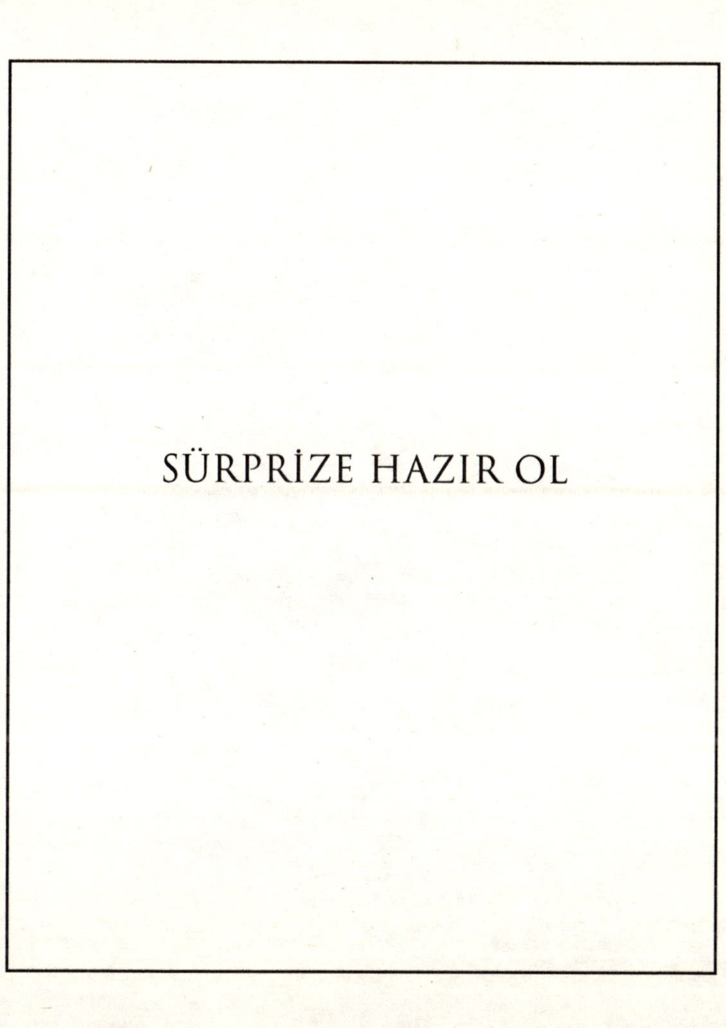

SÜRPRİZE HAZIR OL

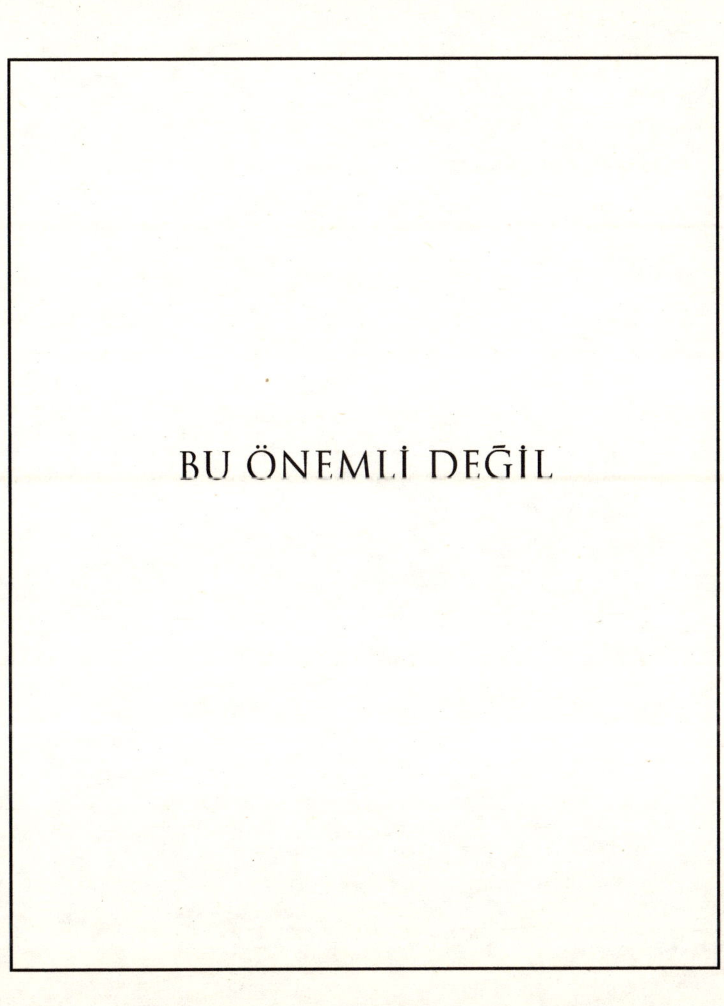

BU ÖNEMLİ DEĞİL

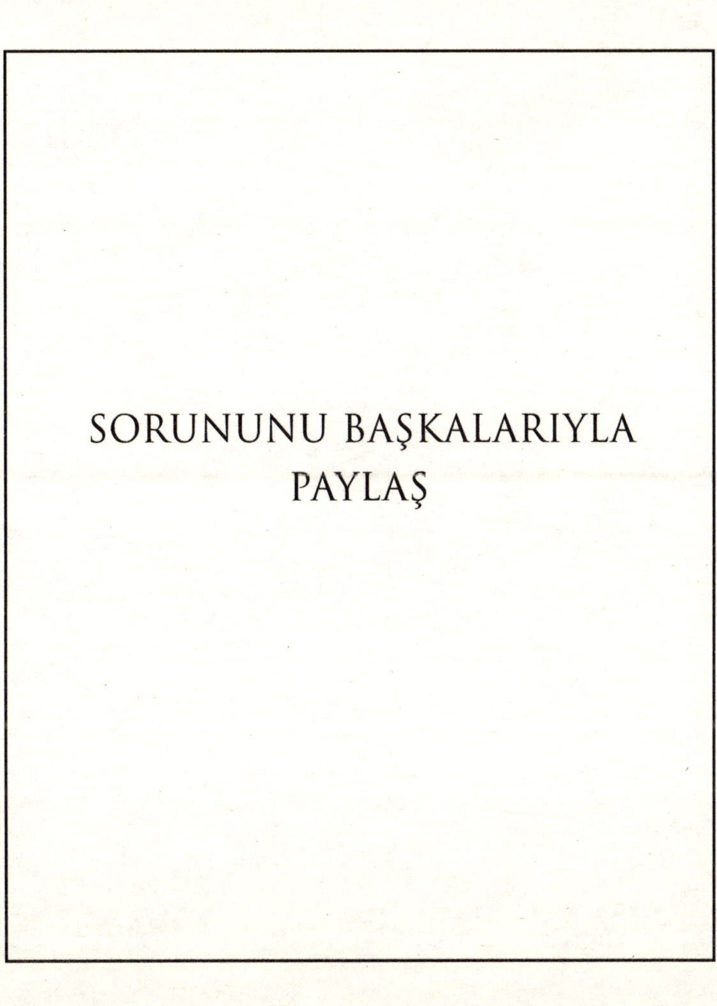

SORUNUNU BAŞKALARIYLA PAYLAŞ

YAPTIKLARININ SONUCU KALICI OLACAK

FARKLI ÖNERİLERE AÇIK OL

YENİ BİR PLAN YAPMAK İÇİN İYİ BİR ZAMAN

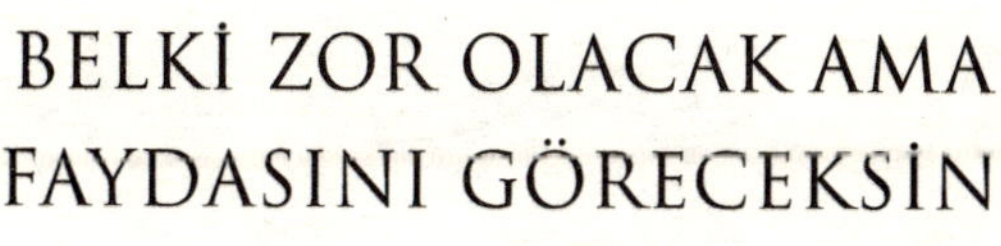
BELKİ ZOR OLACAK AMA
FAYDASINI GÖRECEKSİN

BU İŞ, ÇABA HARCAMAYA DEĞER

AŞILMASI GEREKEN ENGELLER OLACAK

BUNUNLA BAĞLANTILI YENİ KONULAR ORTAYA ÇIKABİLİR

MUTLAKA DESTEK GÖRECEKSİN

YARDIM ALIRSAN BAŞARIYA ULAŞACAKSIN

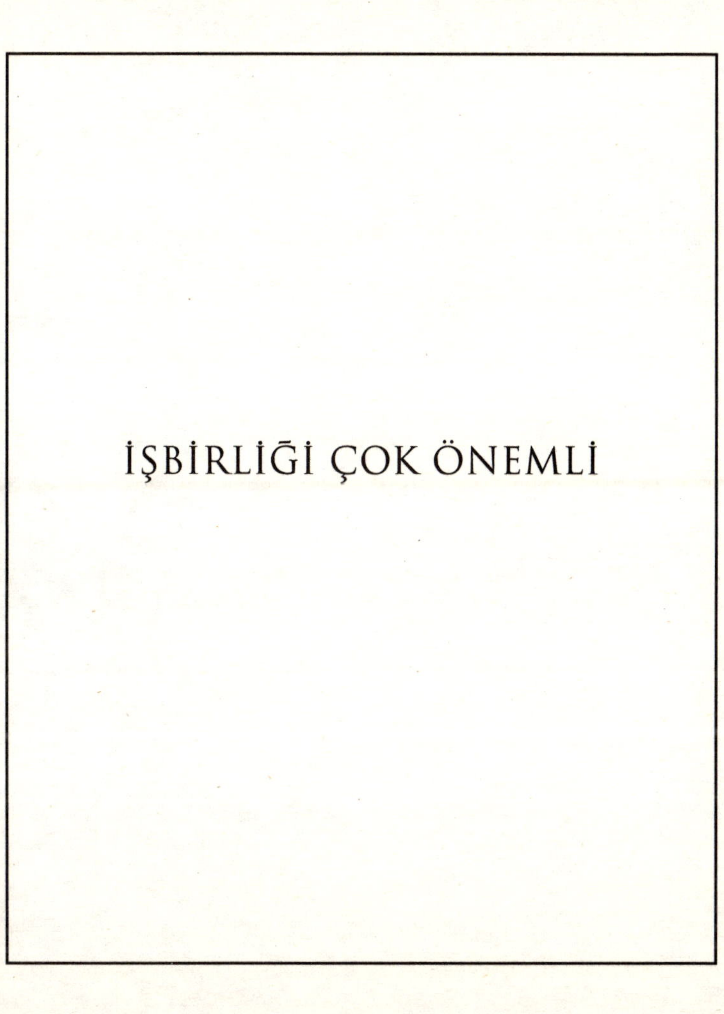

İŞBİRLİĞİ ÇOK ÖNEMLİ

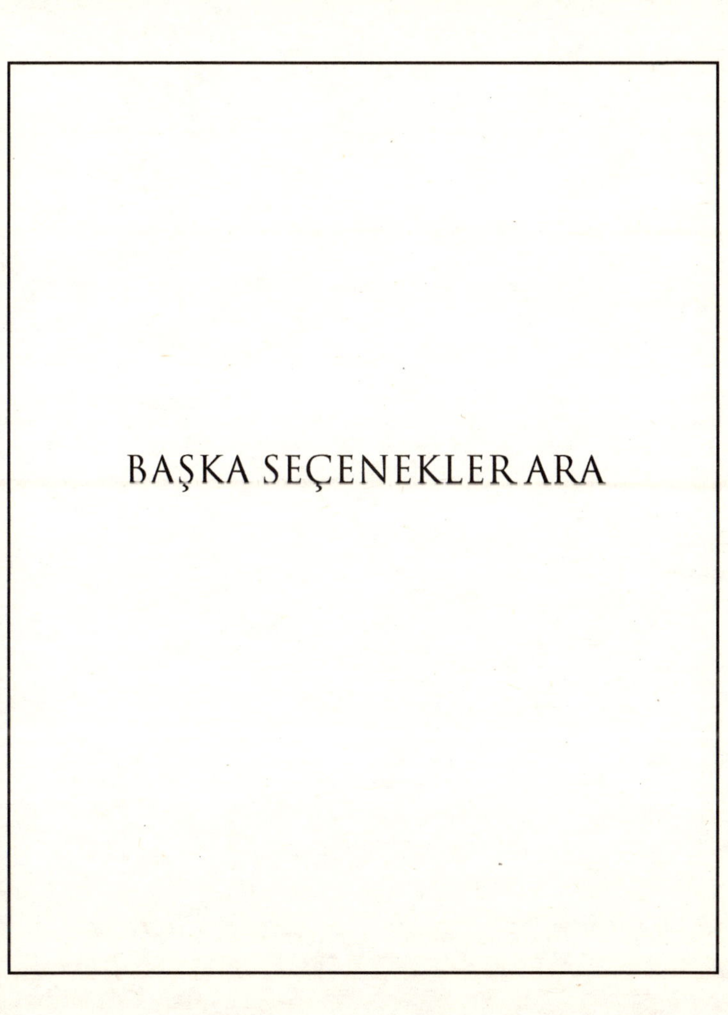

BAŞKA SEÇENEKLER ARA

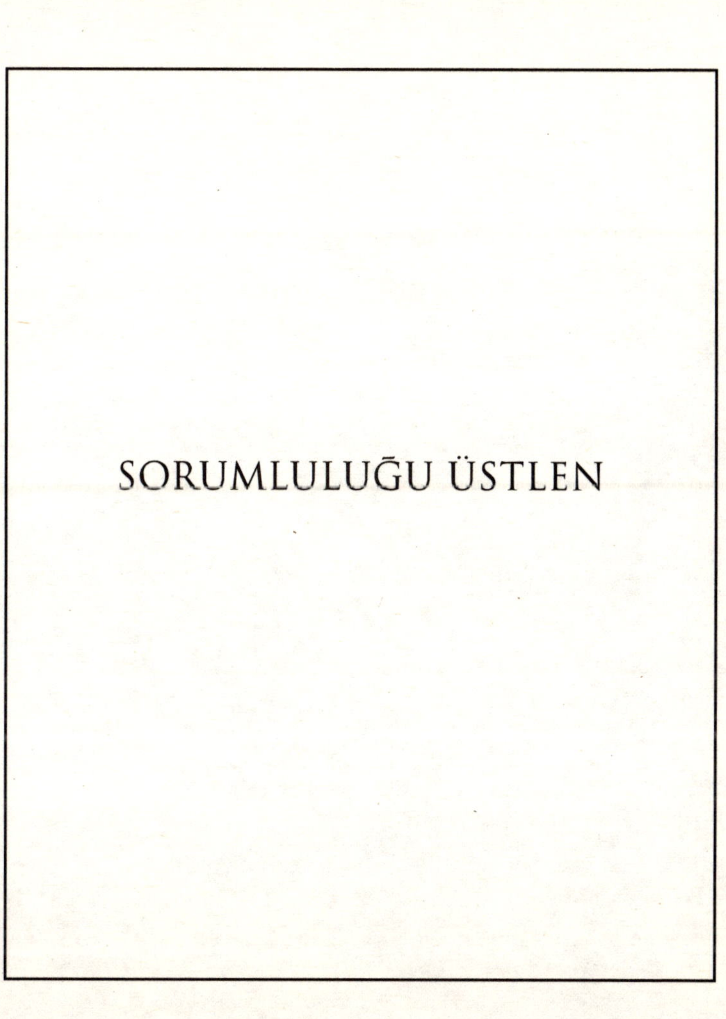

SORUMLULUĞU ÜSTLEN

MUTLAKA BAŞARILI OLACAKSIN

ŞİMDİ HAREKETE GEÇMELİSİN

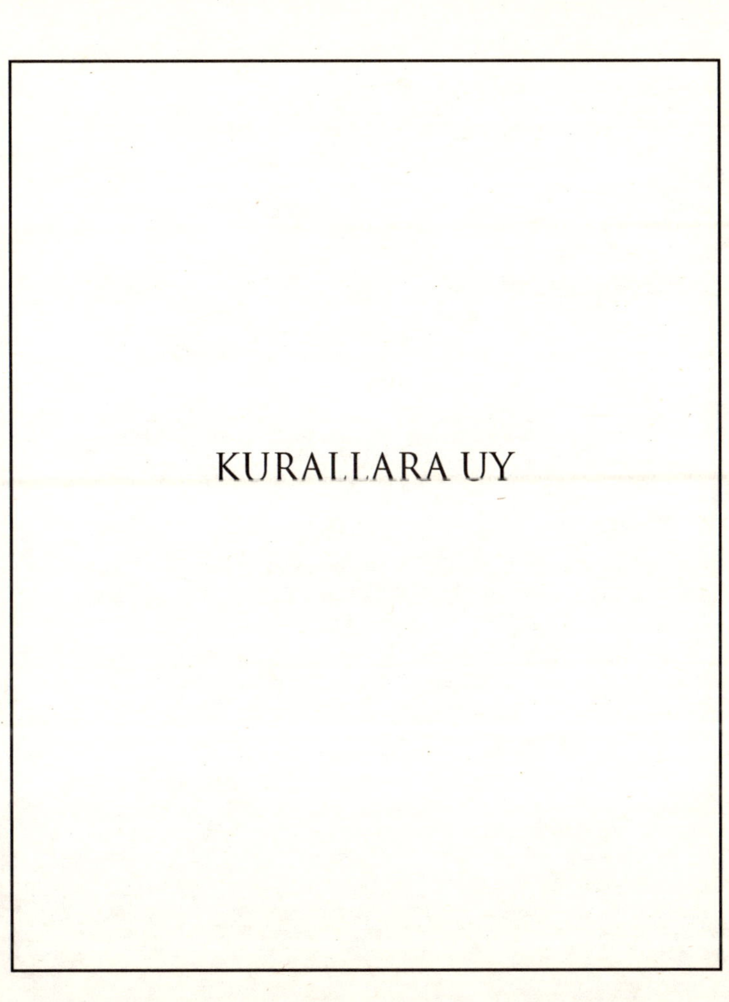

KURALLARA UY

BİRAZ ISRAR İŞE YARAYACAK

HAYAL KIRIKLIĞINA UĞRAMAYACAKSIN

BU İŞİ OLDU BİL

İYİ NİYETLE ÇABALARINI SÜRDÜR

KARAR VERMEK İÇİN DAHA FAZLA ZAMAN AYIR

ACELE DAVRANMAK ZORUNDA DEĞİLSİN

HERKESİN GÖRDÜĞÜNÜ GÖRMEZLİKTEN GELME

BU KONUDA İNADI BIRAK

ÇABA GÖSTERMEYE DEĞER

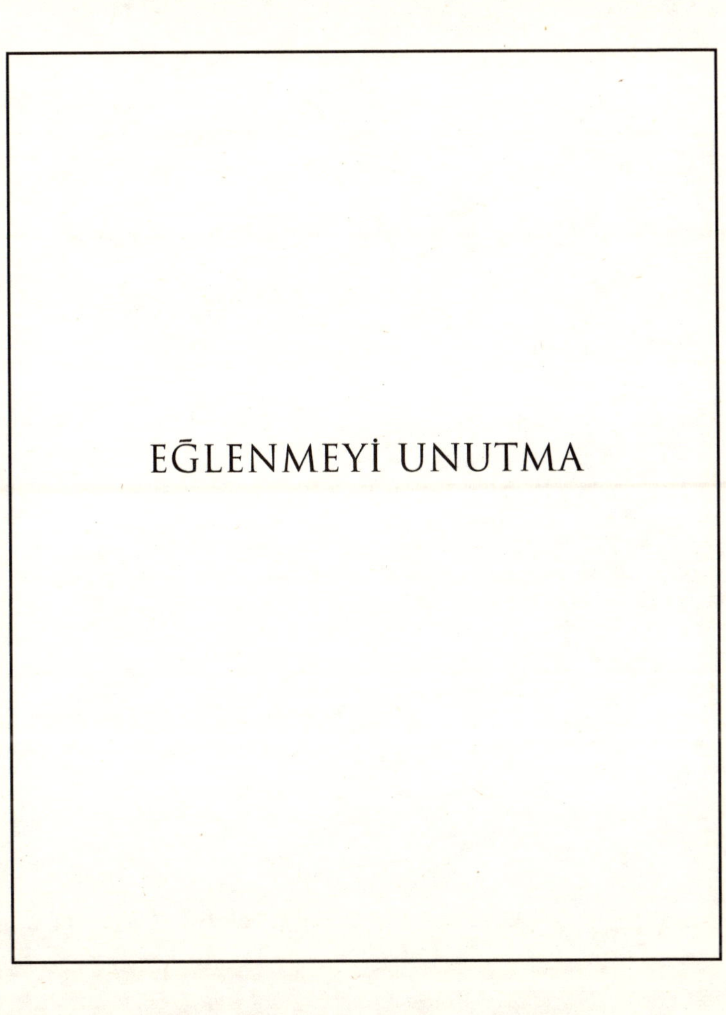

EĞLENMEYİ UNUTMA

HİÇ KUŞKU DUYMA

SORUMLULUĞU
ÜSTLENİRSEN İYİ
SONUÇLARA ULAŞACAKSIN

HİÇ DENENMEMİŞ BİR ÇÖZÜM DÜŞÜN

ESKİ ÇÖZÜMLERİ BİR YANA BIRAK

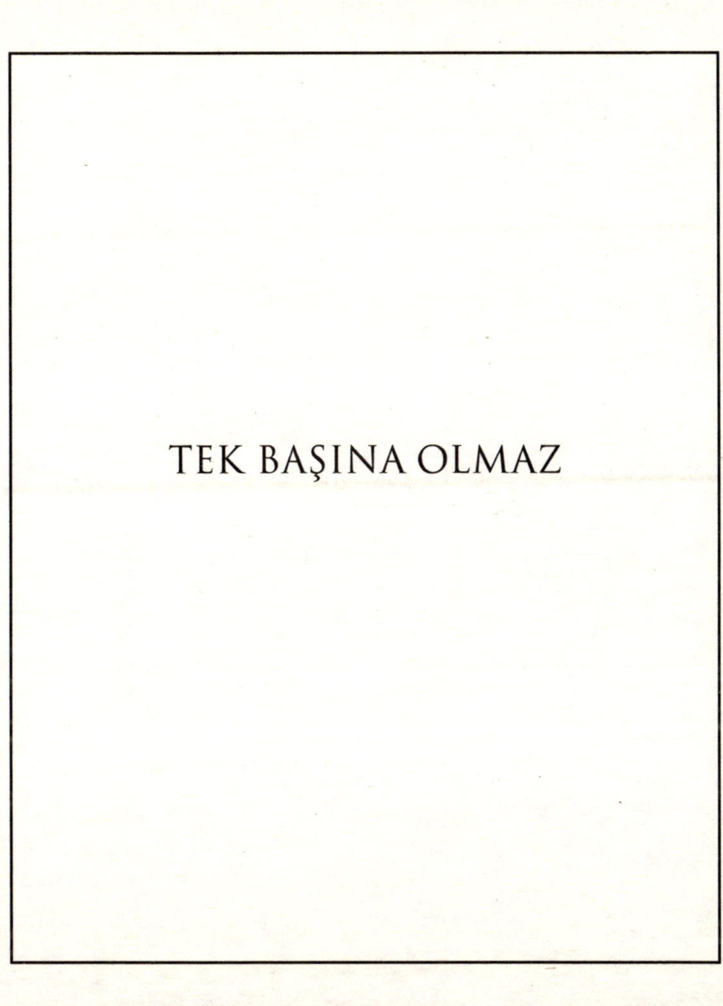

TEK BAŞINA OLMAZ

BEKLENMEDİK TALİHSİZLİKLERLE KARŞILAŞABİLİRSİN

İŞİ SONUÇLANDIRMAK İÇİN ISRARLI OL

ÇOK FAZLA SEÇENEK DE
TIPKI ÇOK AZ SEÇENEK
GİBİ İŞİ ZORLAŞTIRIR

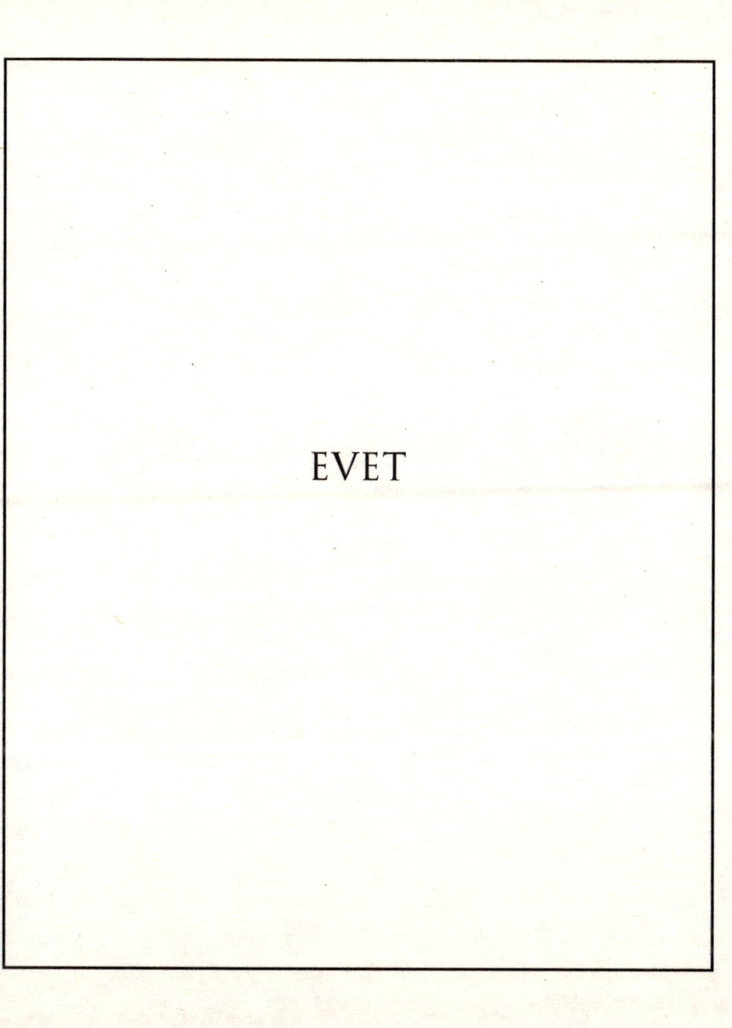

EVET

DAHA DİKKATLE DİNLE; O ZAMAN ANLAYACAKSIN

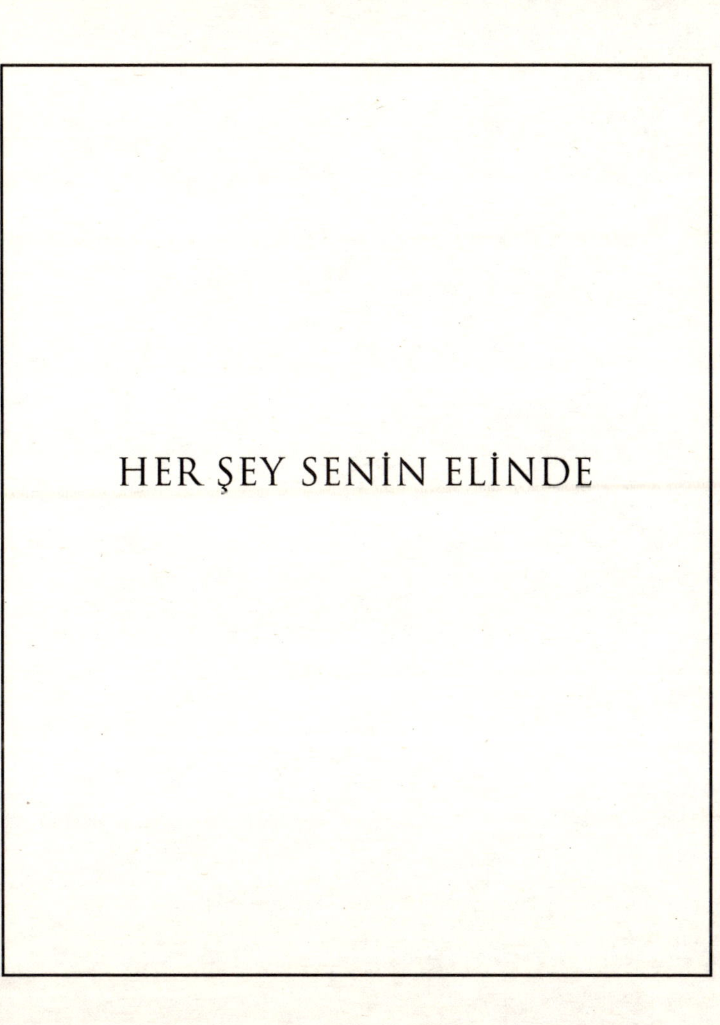

HER ŞEY SENİN ELİNDE

GÜLÜP GEÇ

SEÇİMLERİN, BAŞKALARINI DA ETKİLEYECEK

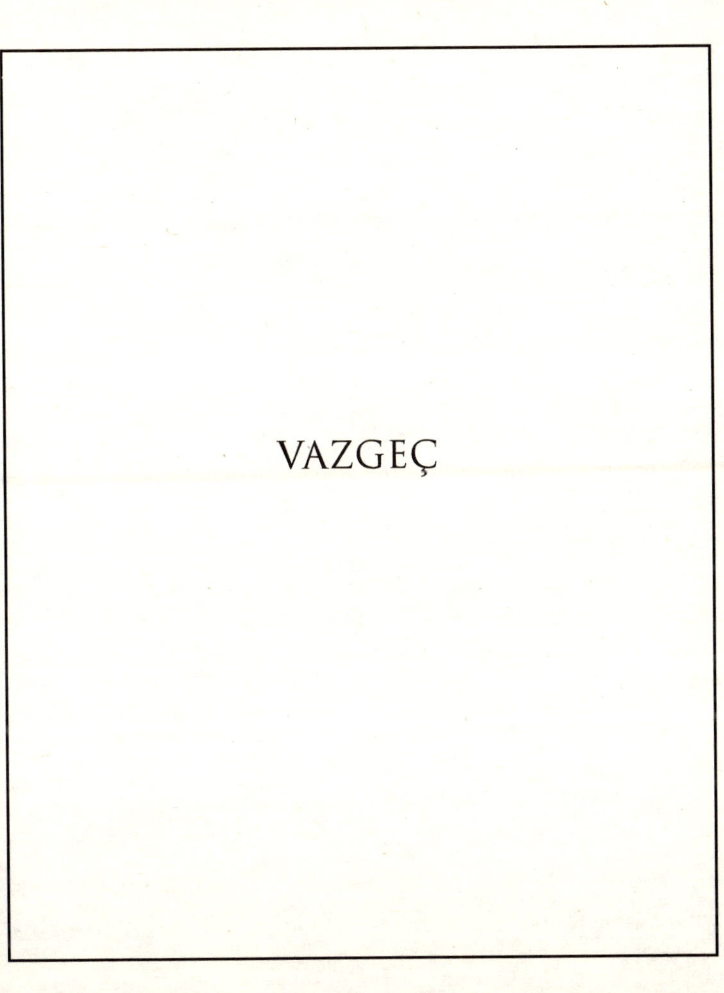

VAZGEÇ

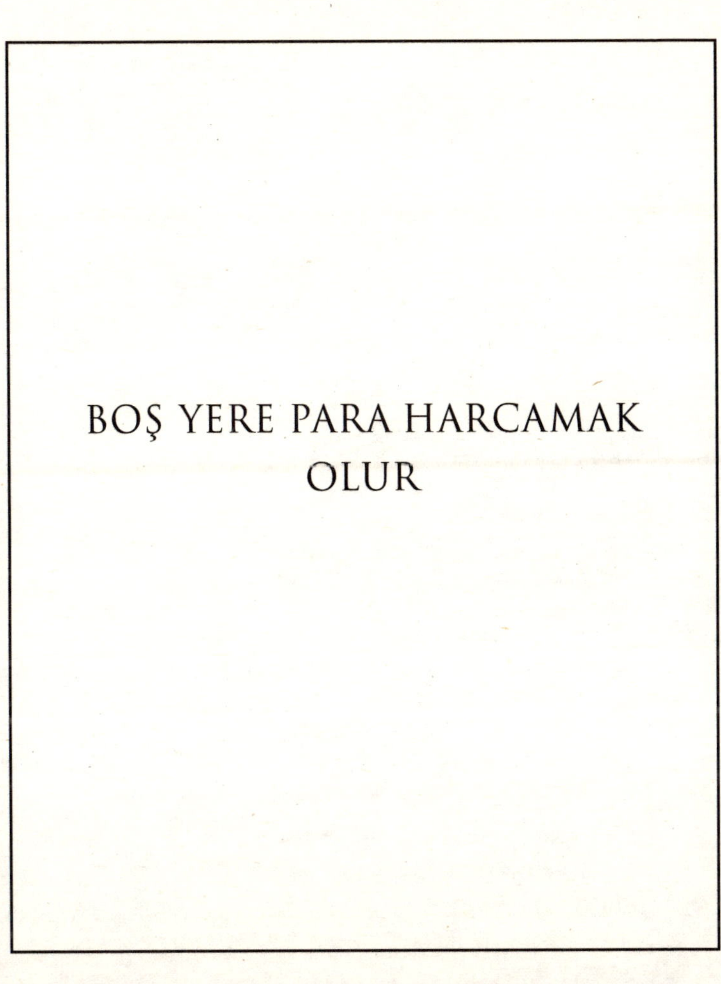

BOŞ YERE PARA HARCAMAK OLUR

BAŞARMAK İÇİN TÜM GÜCÜNLE UĞRAŞ

ASLINDA BUNU UMURSAMIYORSUN

BAŞKA ÇÖZÜMLER DÜŞÜNMEN GEREKİYOR

BİR YIL SONRA BUNUN HİÇBİR ÖNEMİ KALMAYACAK

BOŞUNA ZAMANINI HARCAMA

ÇOK İYİ BİR SONUÇ ELDE EDEBİLİRSİN

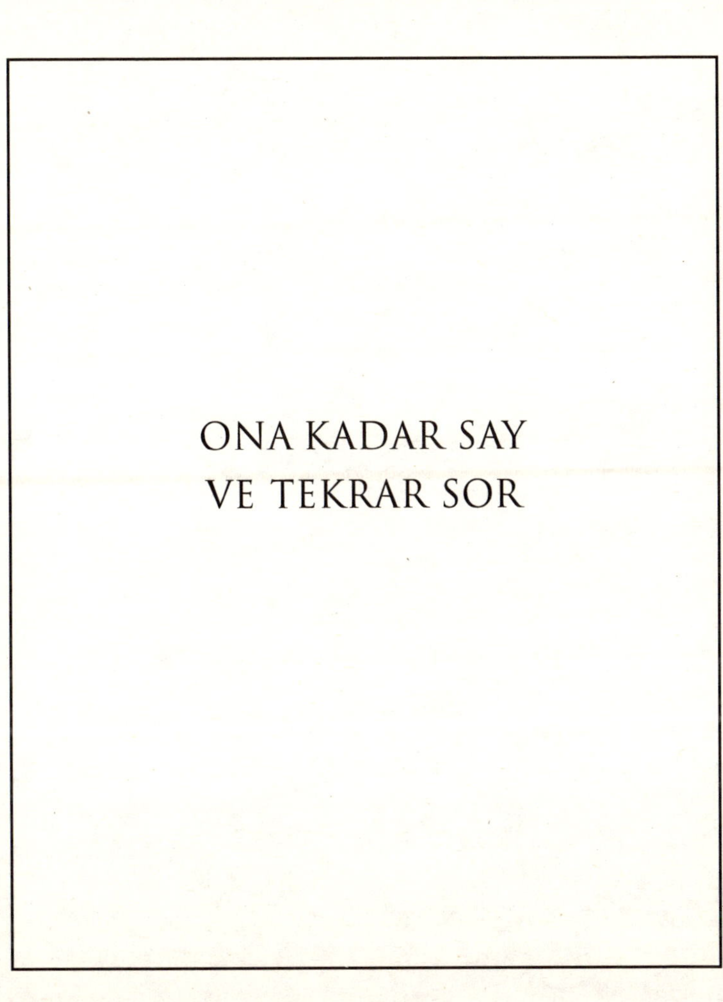

ONA KADAR SAY VE TEKRAR SOR

ŞİMDİDEN OLMUŞ GİBİ DAVRAN

ÖNCELİKLERİ BELİRLEMEN ÇOK ÖNEMLİ

HAYAL GÜCÜNÜ KULLAN

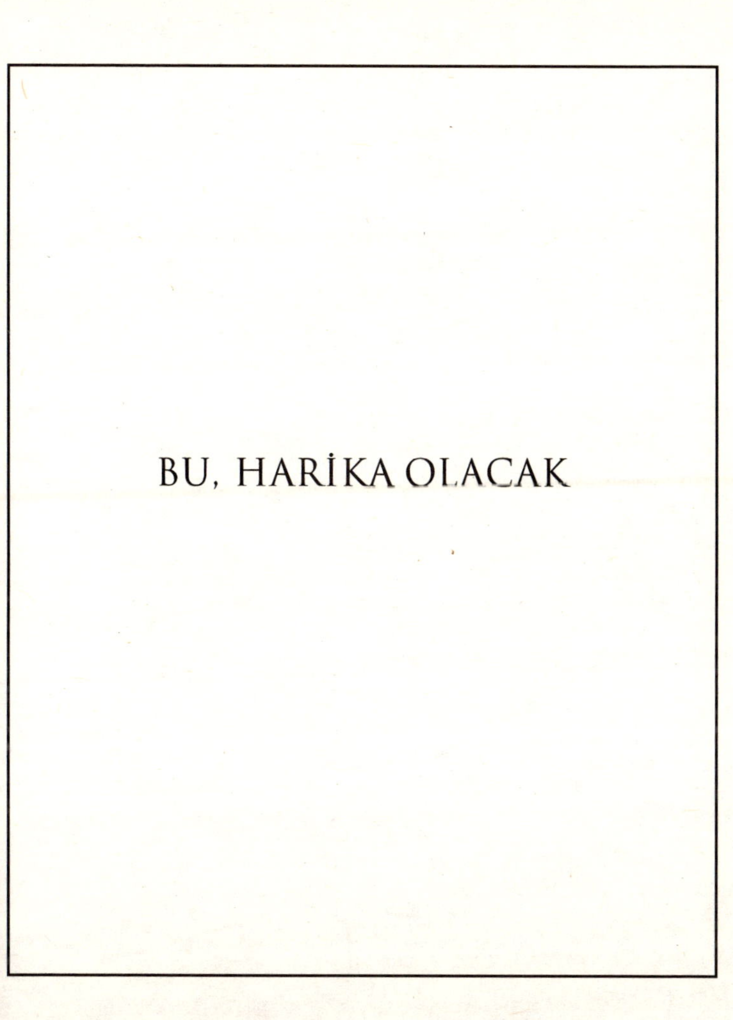

BU, HARİKA OLACAK

EN İYİ KARARA VARMAK İÇİN SAKİN OLMALISIN

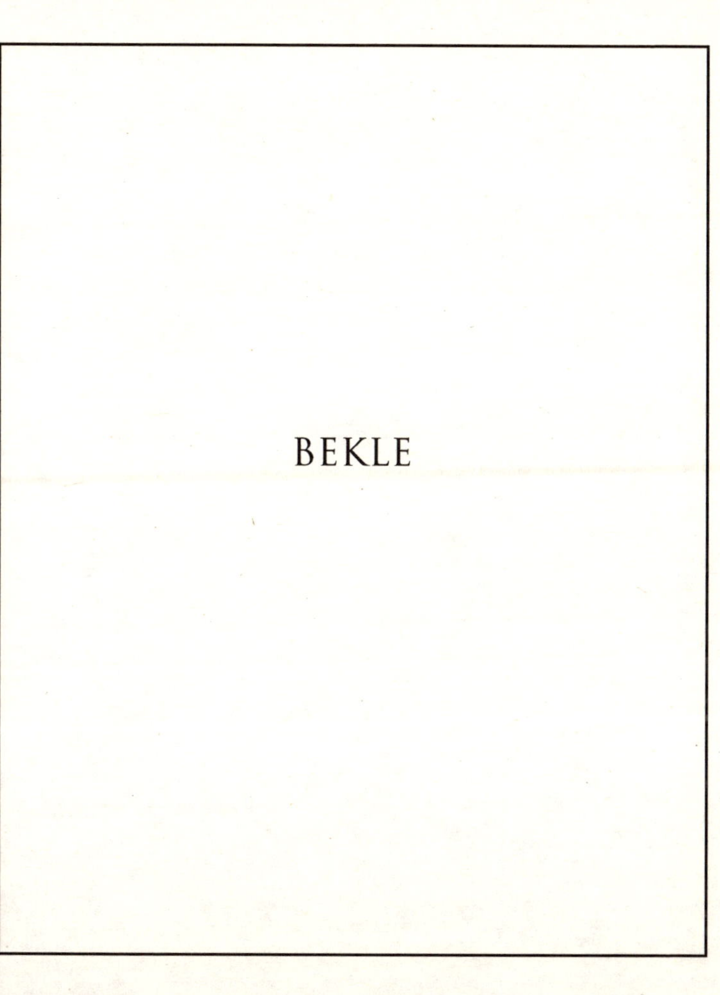

BEKLE

BAZI ŞEYLERE,
BAŞLADIKTAN SONRA
KARAR VERMEN
GEREKECEK

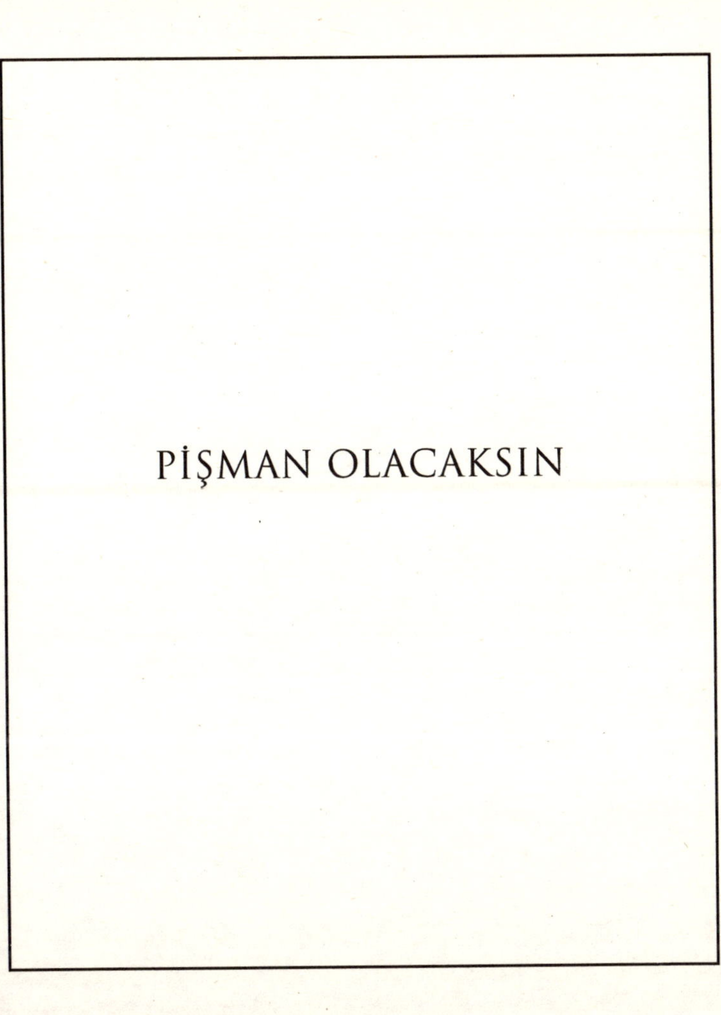

PİŞMAN OLACAKSIN

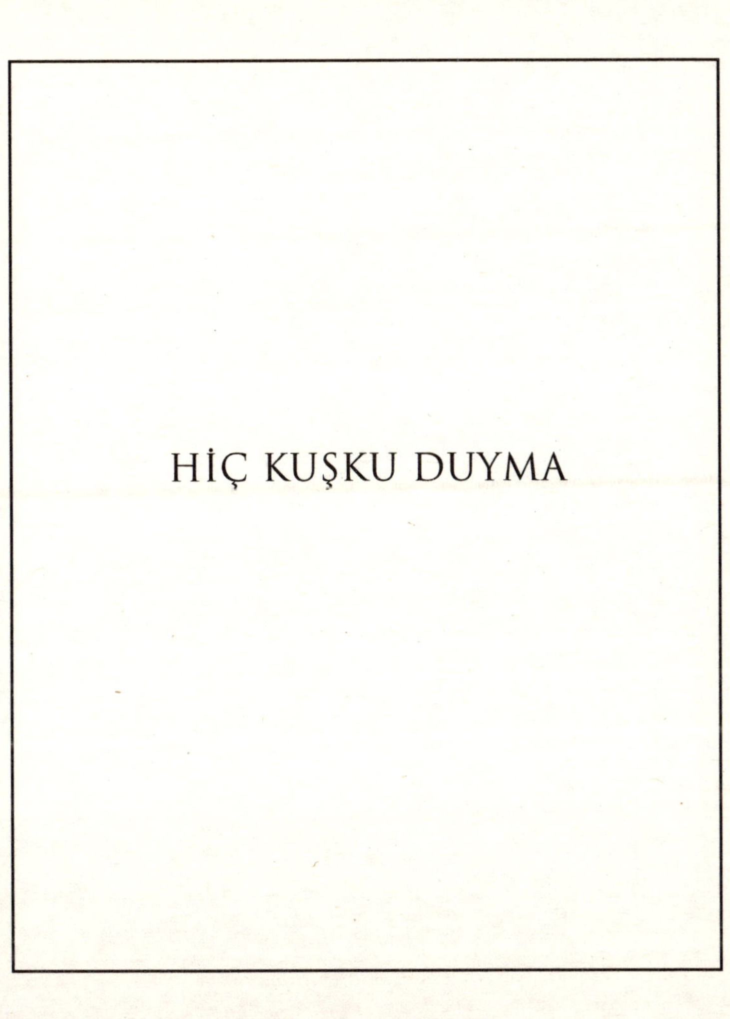

HİÇ KUŞKU DUYMA

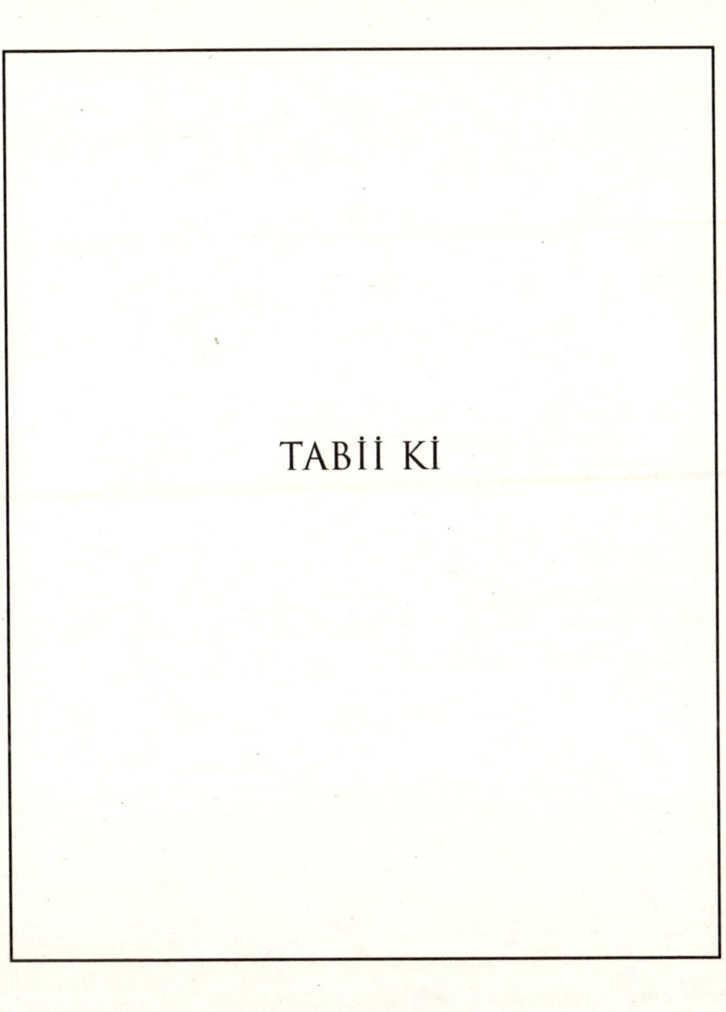

TABİİ Kİ

ARTIK BU KONUDA YETERİNCE DENEYİMİN VAR

İÇGÜDÜLERİNE GÜVEN

BUNU BİR FIRSAT OLARAK GÖR

BABANA SOR

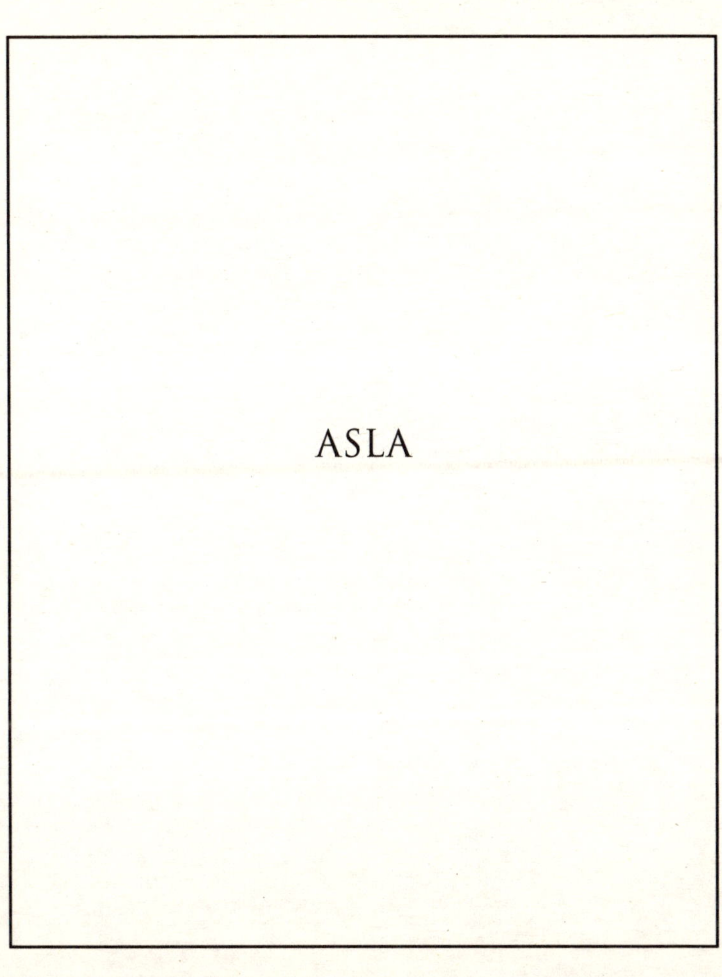

ASLA

ANNENE SOR

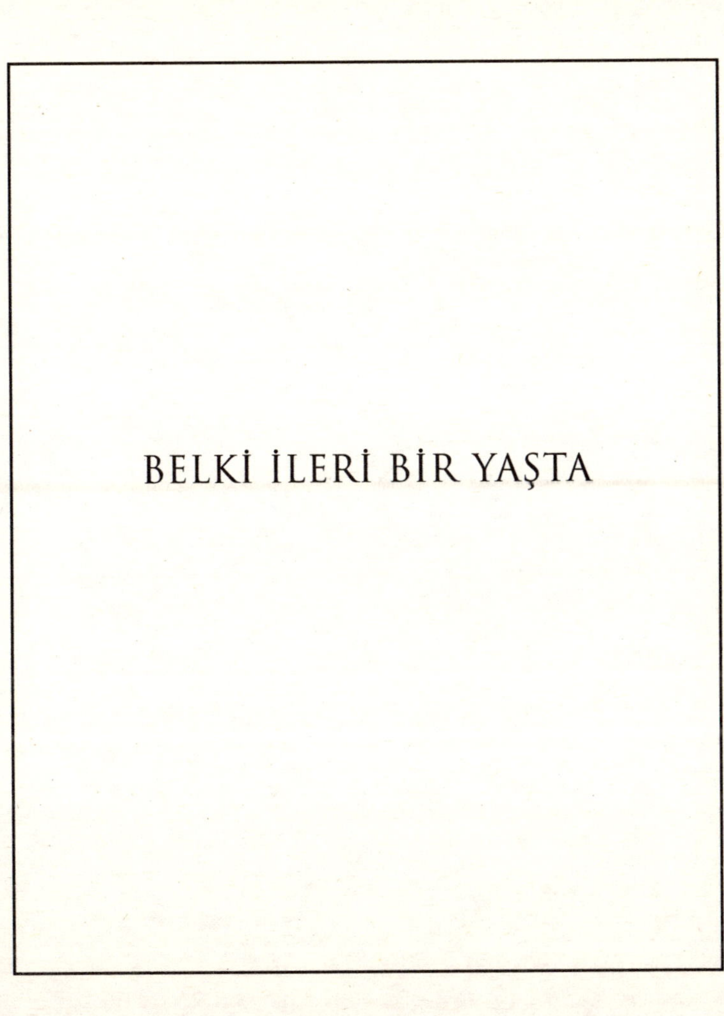

BELKİ İLERİ BİR YAŞTA

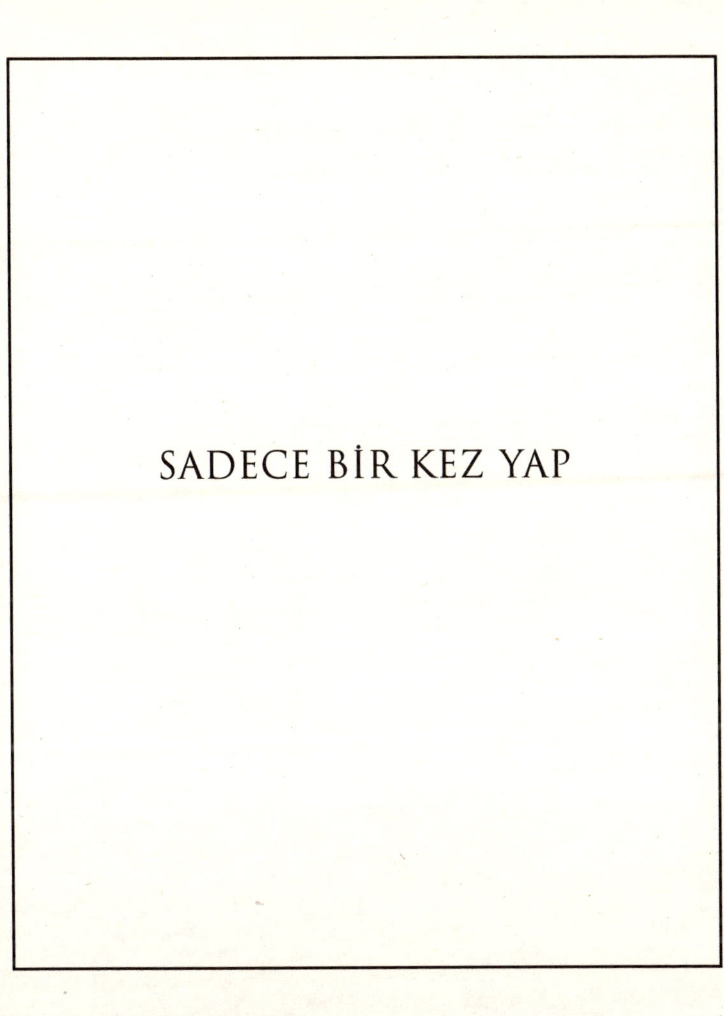

SADECE BİR KEZ YAP

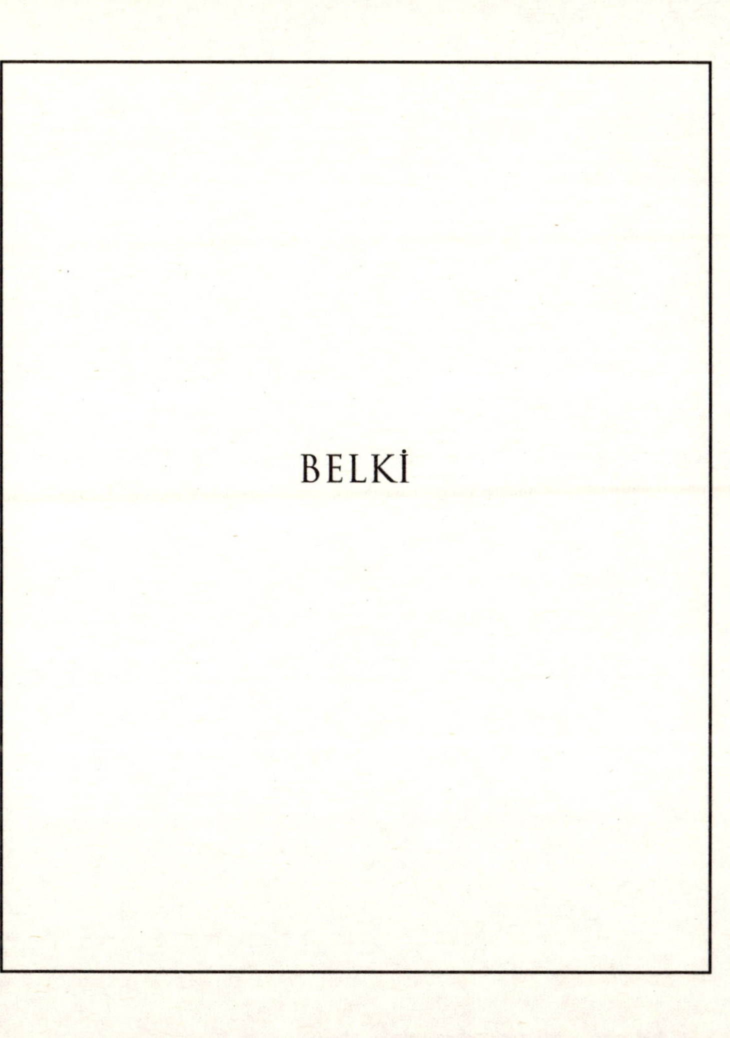

BELKİ

HAYIR

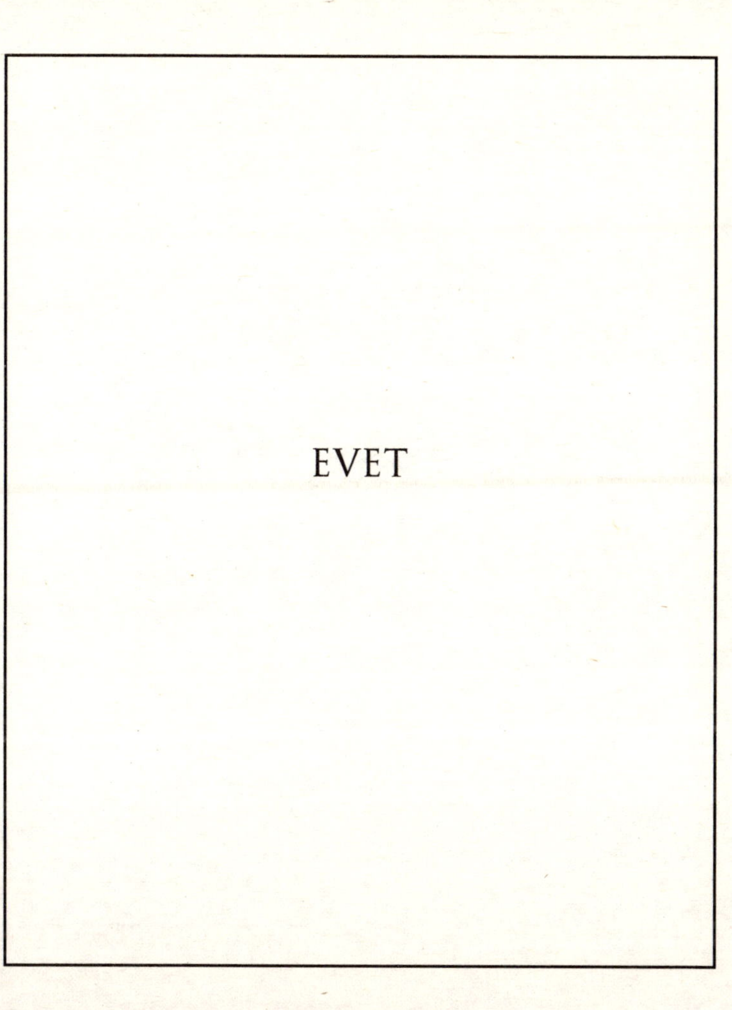

EVET

HAREKETE GEÇERSEN DURUMU İYİLEŞTİREBİLİRSİN

GÜLÜNÇ OLMA

BU KONUDA ÇOK EMİN OLMA

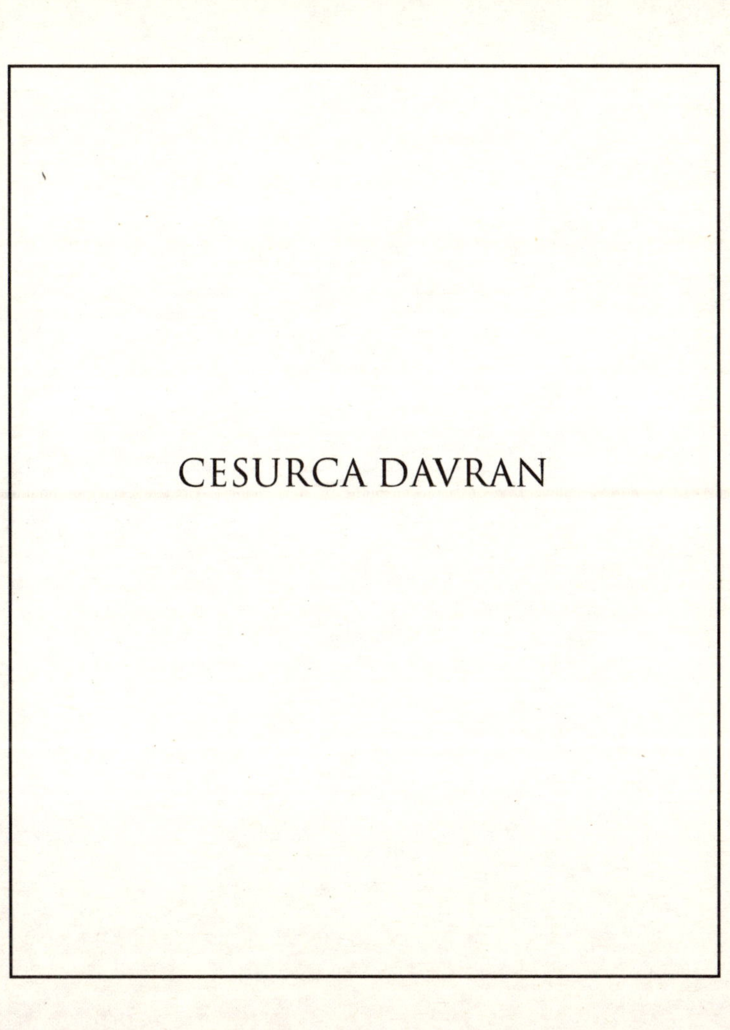

CESURCA DAVRAN

BU İŞİ BİLENLERİN ÖNERİLERİNDEN FAYDALAN

KENDİNİ ÖDÜN VEREMEYECEK BİR DURUMDA BULABİLİRSİN

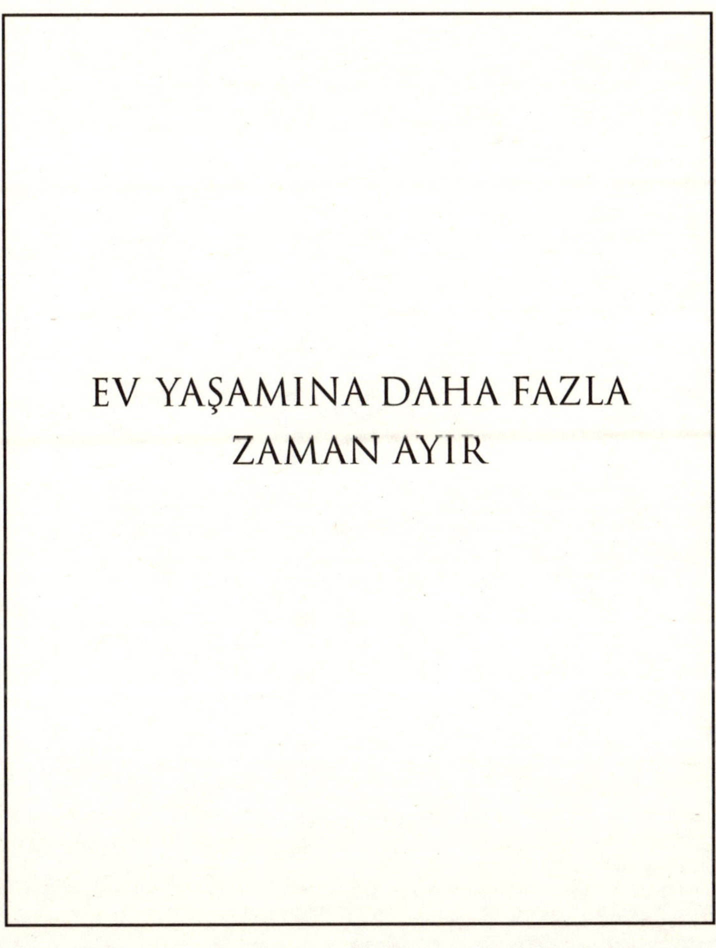

EV YAŞAMINA DAHA FAZLA ZAMAN AYIR

ÖNCE DURUMU DEĞERLENDİR, SONRA KEYFİNİ ÇIKAR

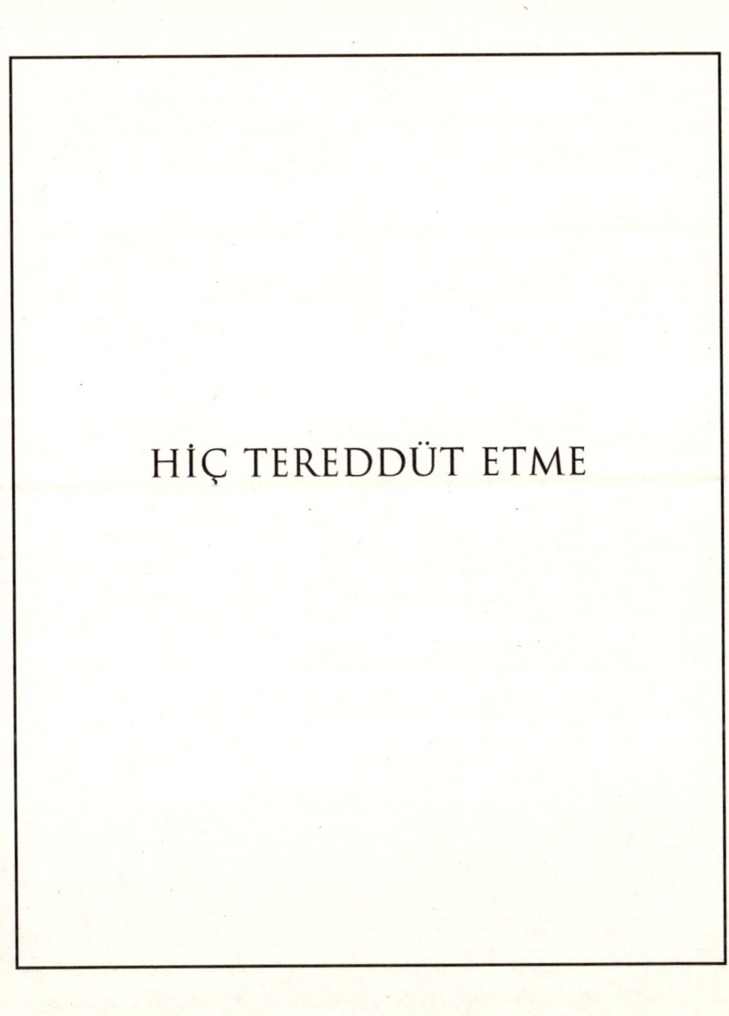

HİÇ TEREDDÜT ETME

BU, HİÇBİR ZAMAN TAHMİN EDİLEMEZ

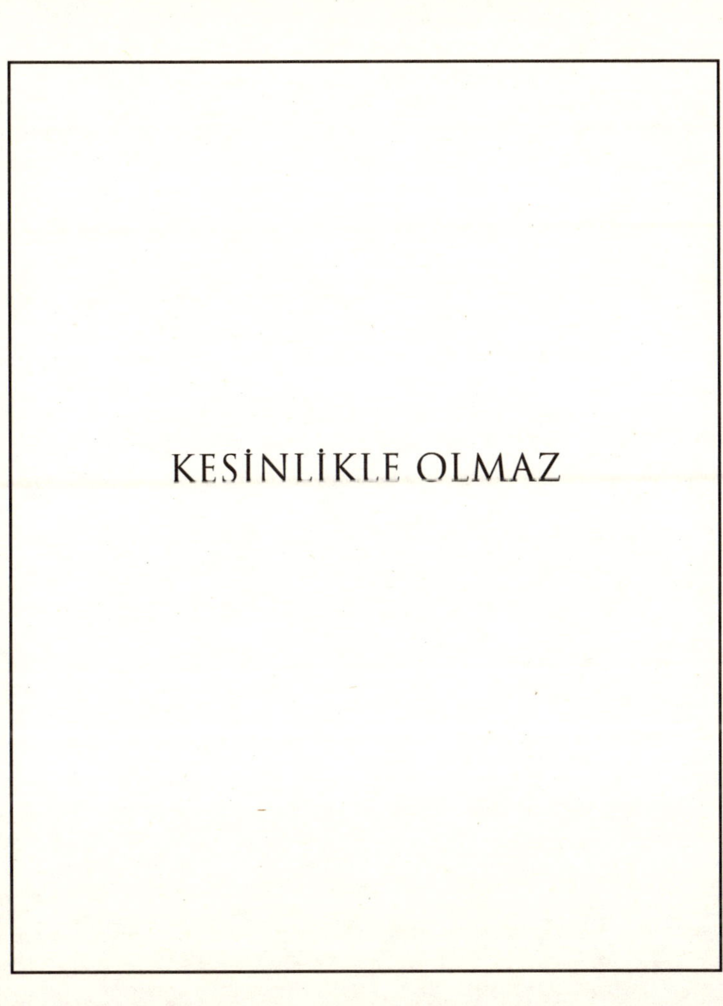

KESİNLİKLE OLMAZ

ÖNYARGISIZ BİR ŞEKİLDE ARAŞTIR

BUNDAN EMİN OLABİLİRSİN

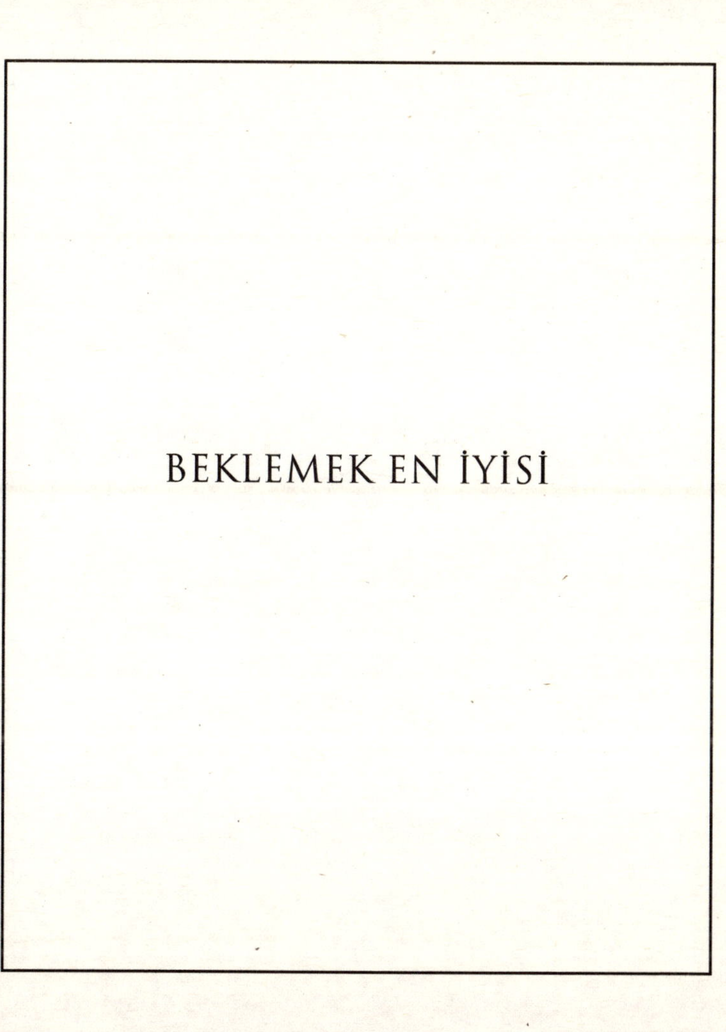

BEKLEMEK EN İYİSİ

BU İŞİN OLMASI KESİN GİBİ GÖRÜNÜYOR

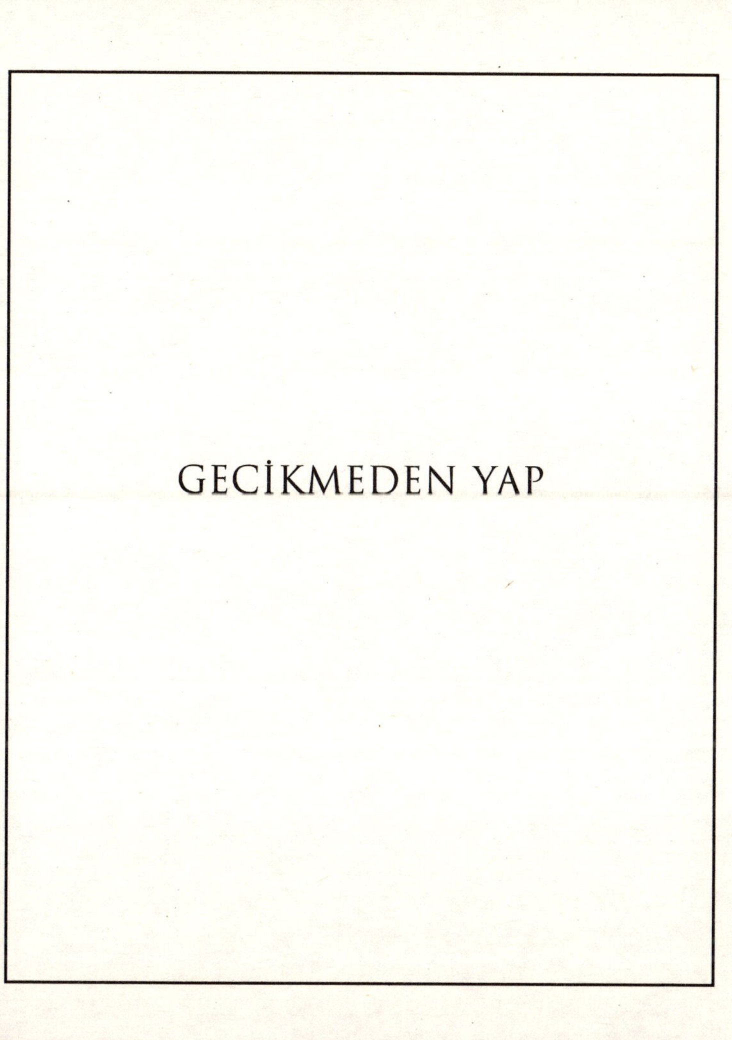

GECİKMEDEN YAP

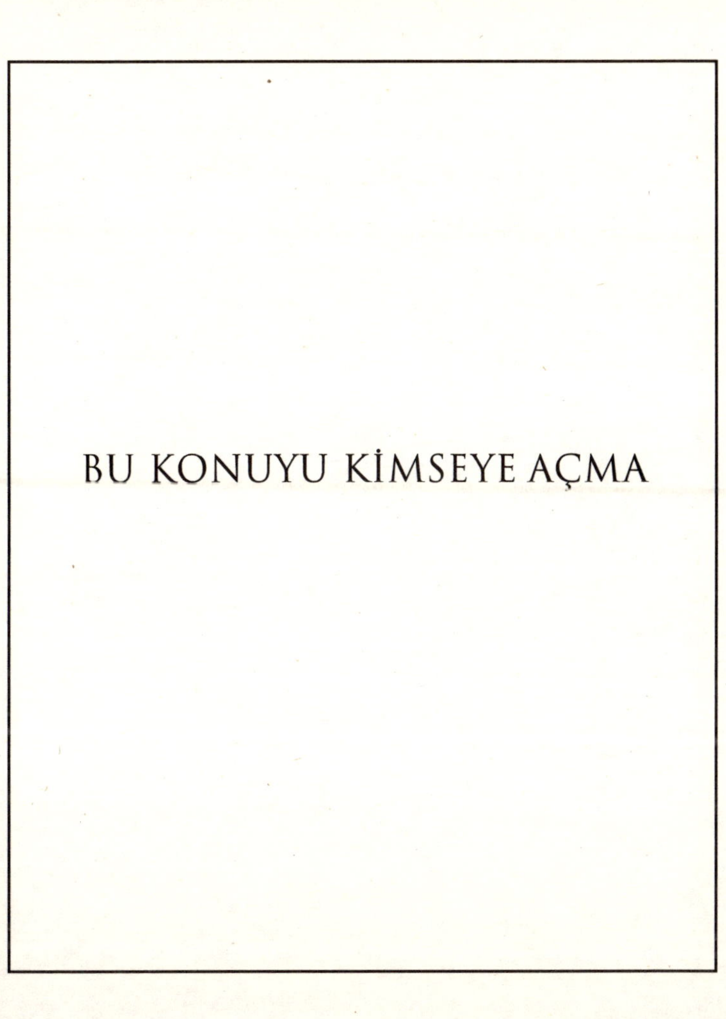

BU KONUYU KİMSEYE AÇMA

BEKLENMEDİK ŞEYLERLE KARŞILAŞABİLİRSİN

BEKLEDİĞİN CEVAP FARKLI BİR YOLDAN GELEBİLİR

ALIŞMAN GEREKECEK

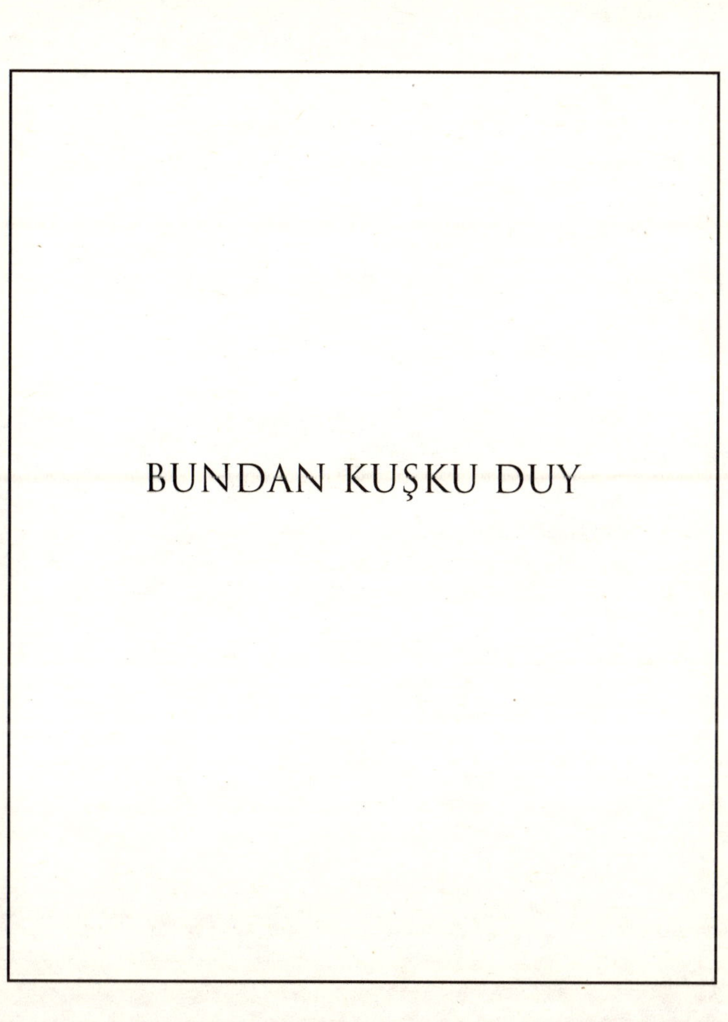

BUNDAN KUŞKU DUY

BU, SANA ŞANS GETİRECEK

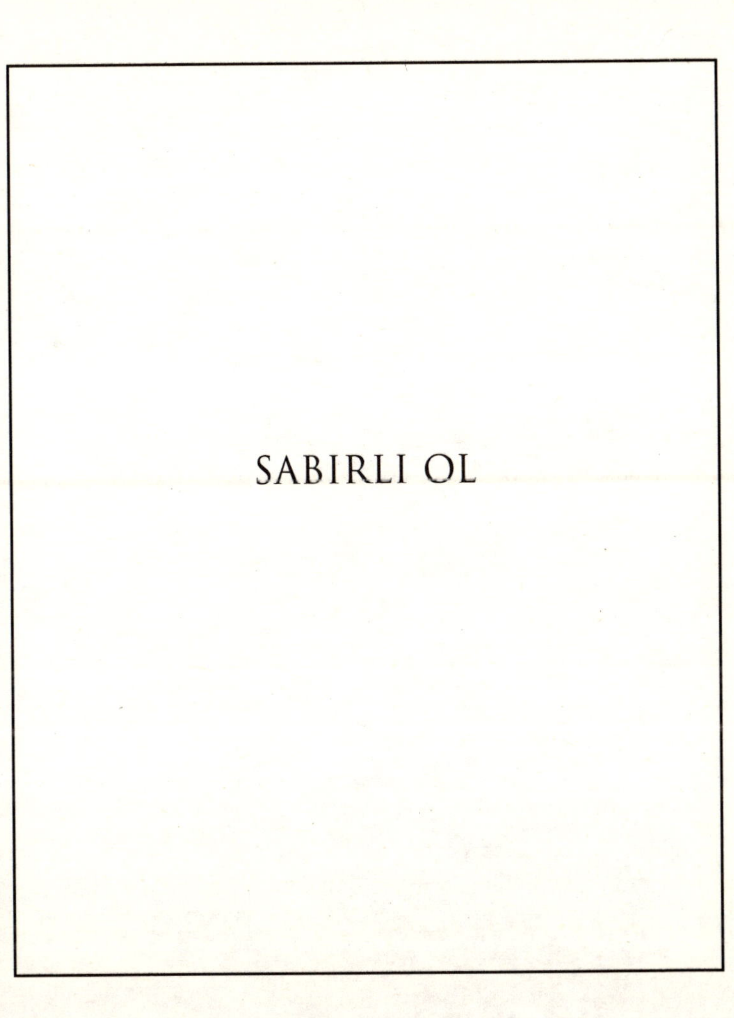

SABIRLI OL

SONUNDA, BİLMEN GEREKEN HER ŞEYİ ÖĞRENECEKSİN

BU, BÜYÜK ÖLÇÜDE BİR BAŞKA KONUYA BAĞLI

BEKLE VE NE OLACAĞINI GÖR

BU, BAŞKALARININ
SENİN HAKKINDAKİ
DÜŞÜNCELERİNİ
ETKİLEYECEKTİR

YAPTIĞIN İÇİN MUTLU OLACAKSIN

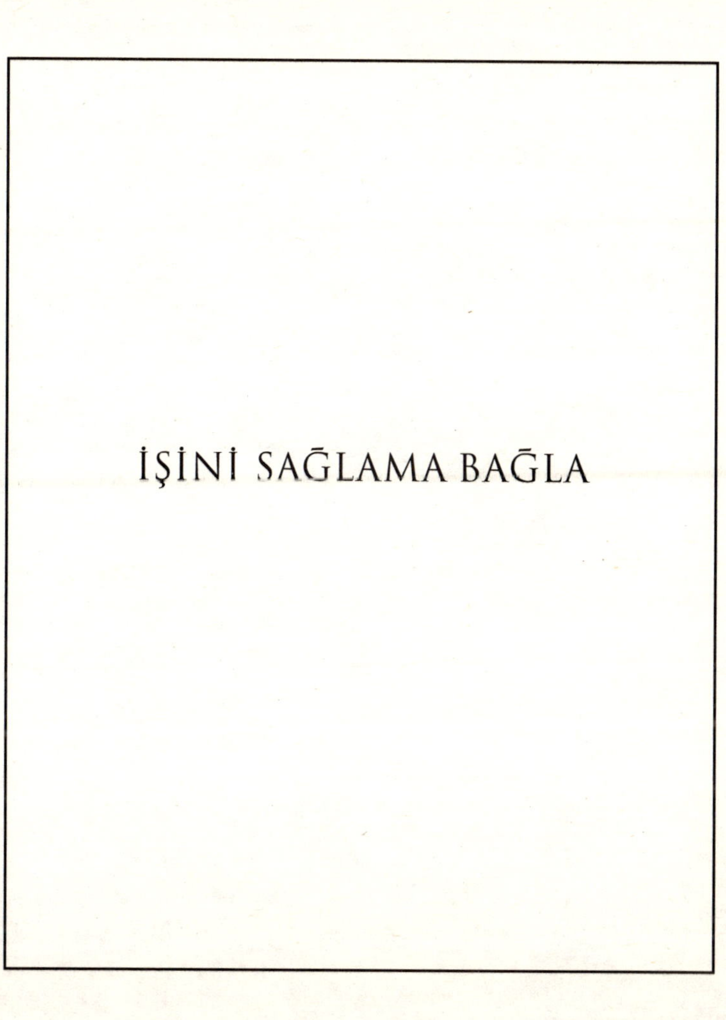

İŞİNİ SAĞLAMA BAĞLA

ŞU AN İÇİN UYGUN OLMAYABİLİR

DAHA İYİSİ İÇİN ELİNDEN GELENİ YAP

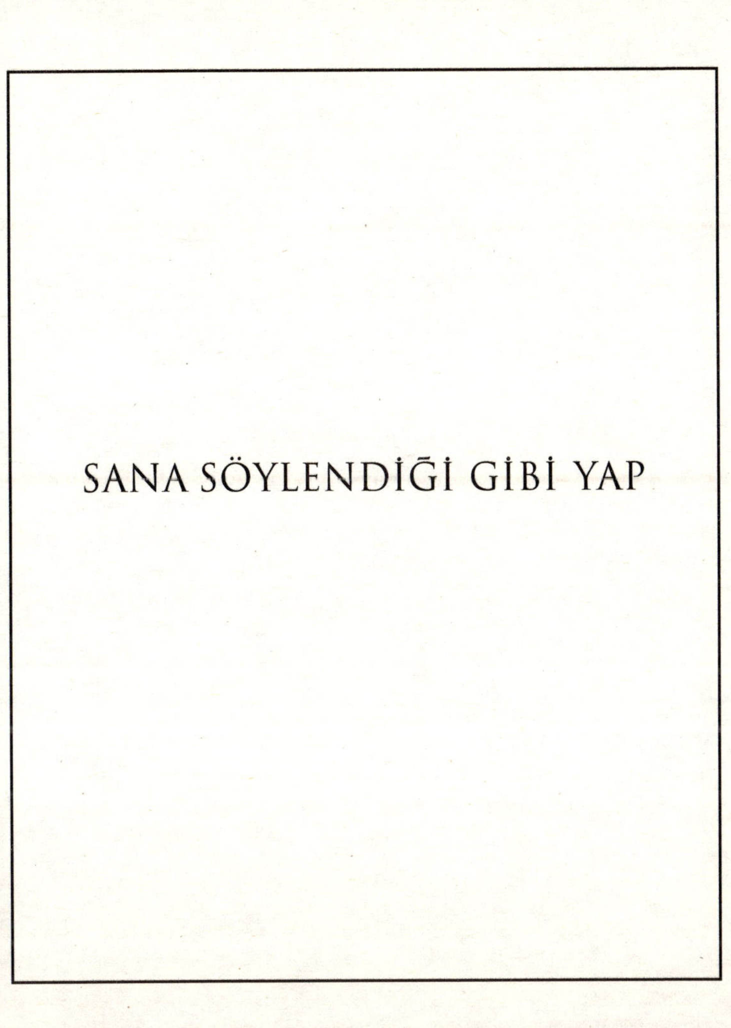

SANA SÖYLENDİĞİ GİBİ YAP

YA DOĞRUSUNU YAP YA DA HİÇ YAPMA

ŞU AN DAHA FAZLASINI İSTEME

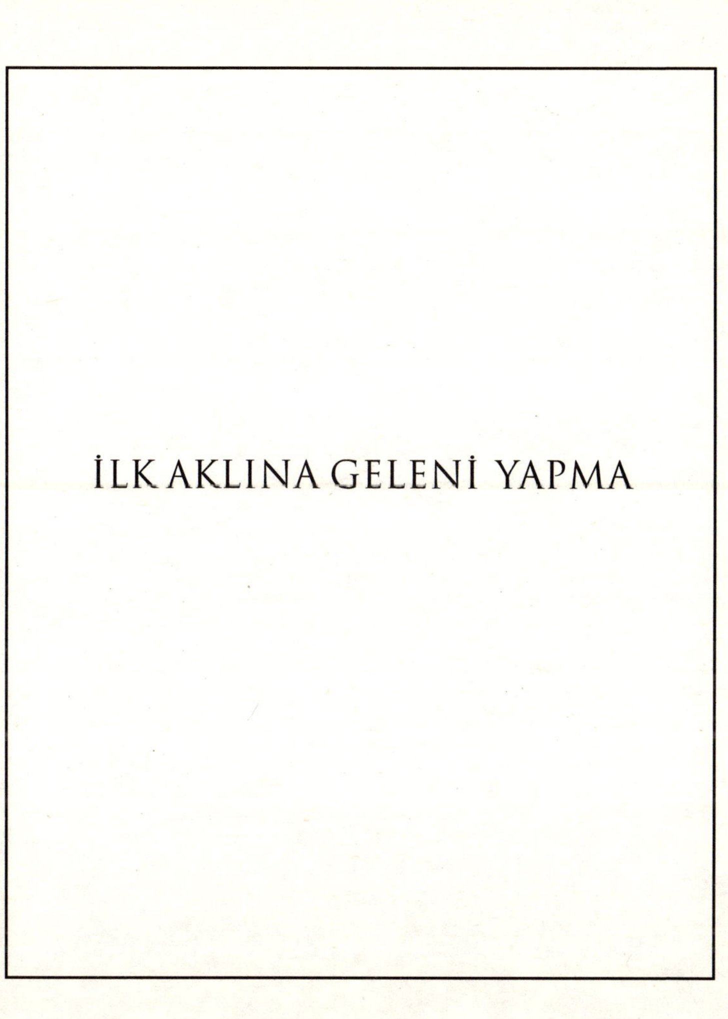

İLK AKLINA GELENİ YAPMA

SON SÖZÜ SEN SÖYLEYECEKSİN

ACELE ETMEDEN İLERLE

İLK AKLINA GELEN ÇÖZÜM EN İYİSİ OLMAYABİLİR

ÖNERİLERE AÇIK OL

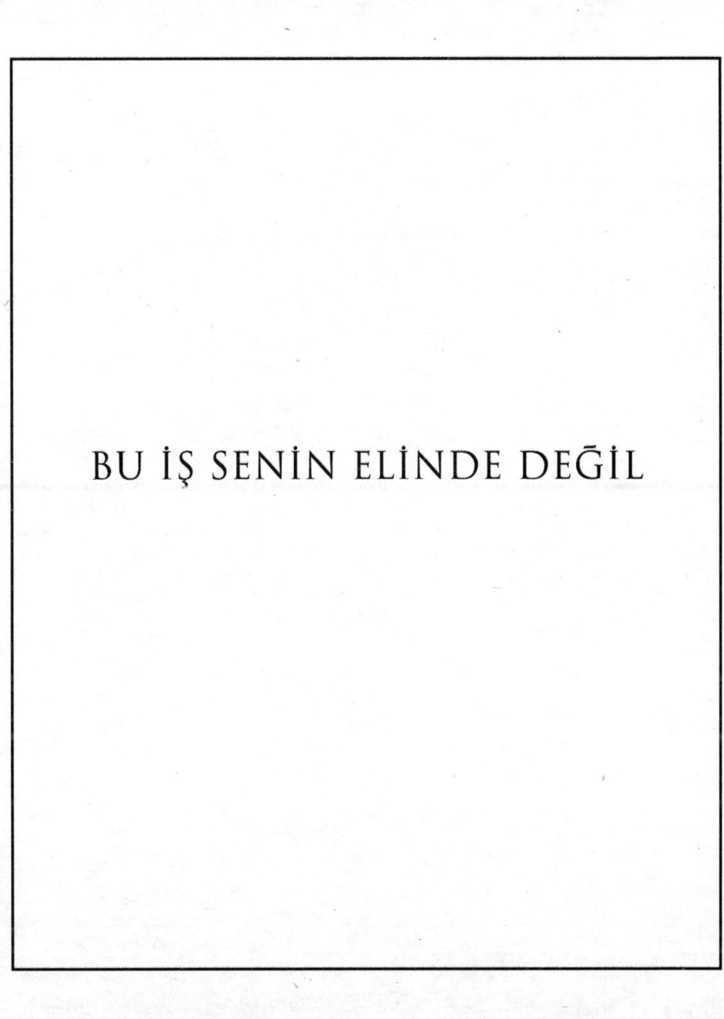

BU İŞ SENİN ELİNDE DEĞİL

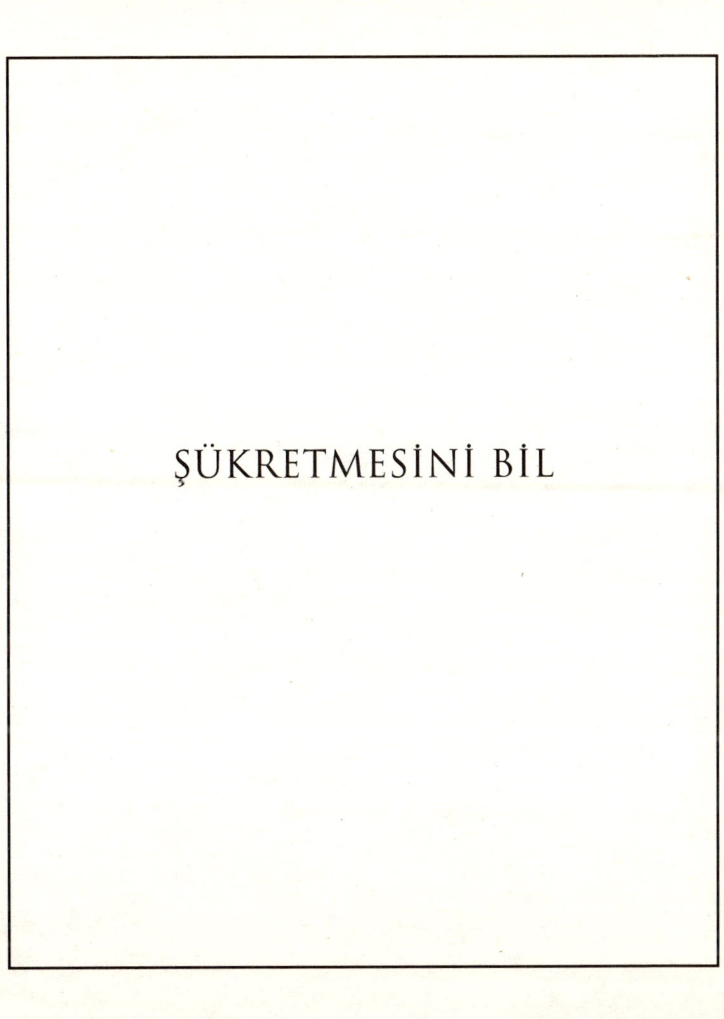

ŞÜKRETMESİNİ BİL

İŞİN KEYFİNİ ÇIKAR

BU KONUYA DİKKATLE YAKLAŞ

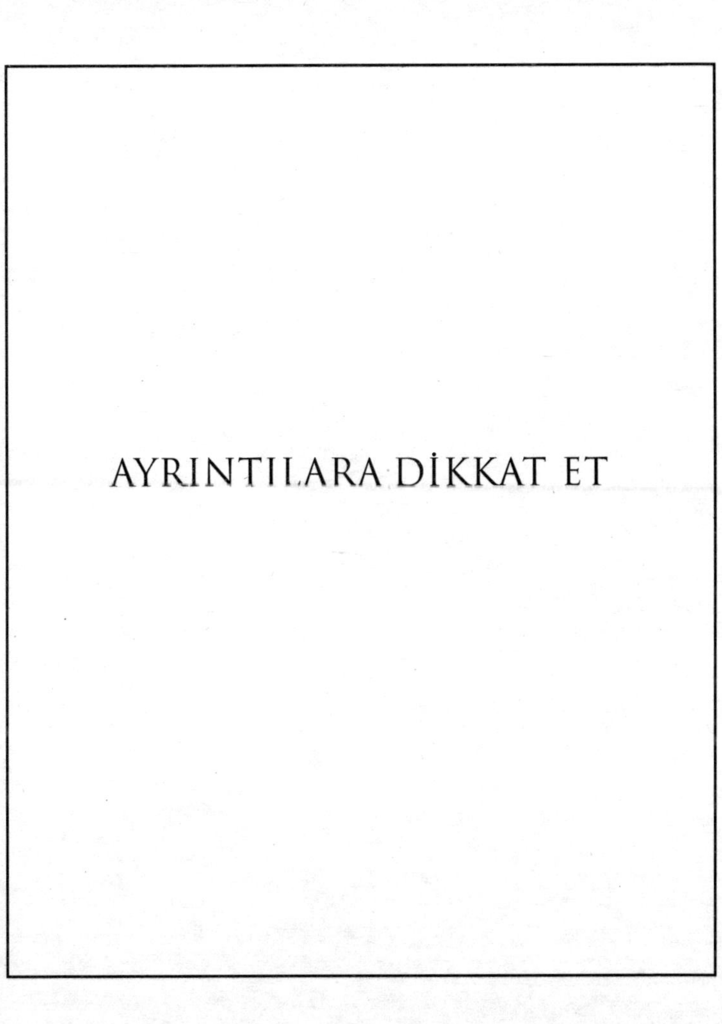

AYRINTILARA DİKKAT ET

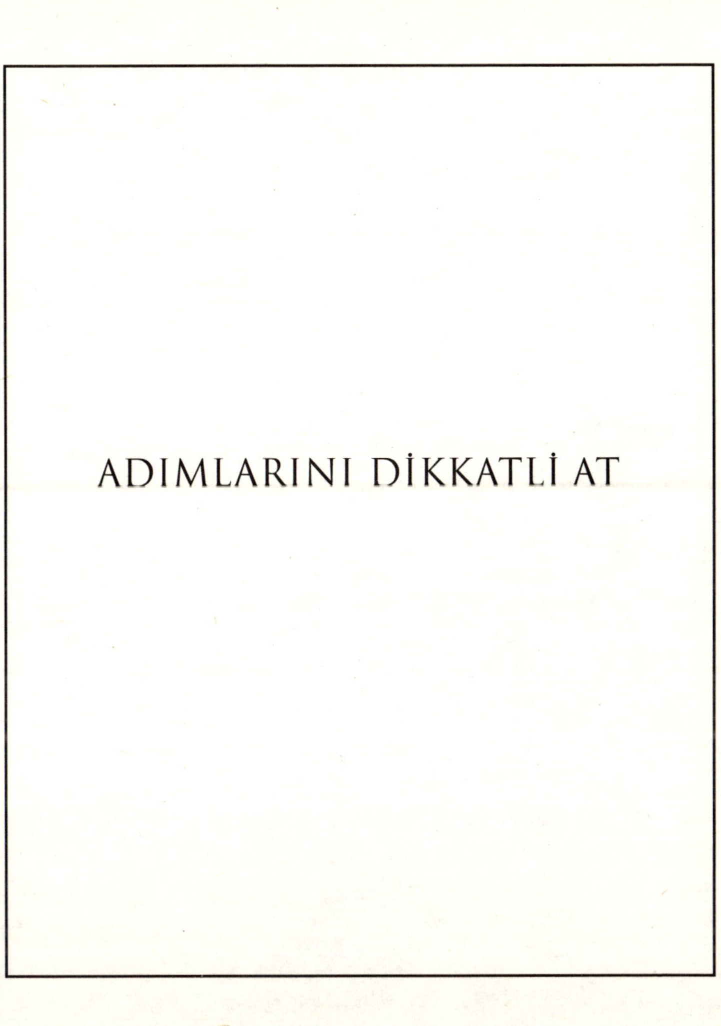

ADIMLARINI DİKKATLİ AT

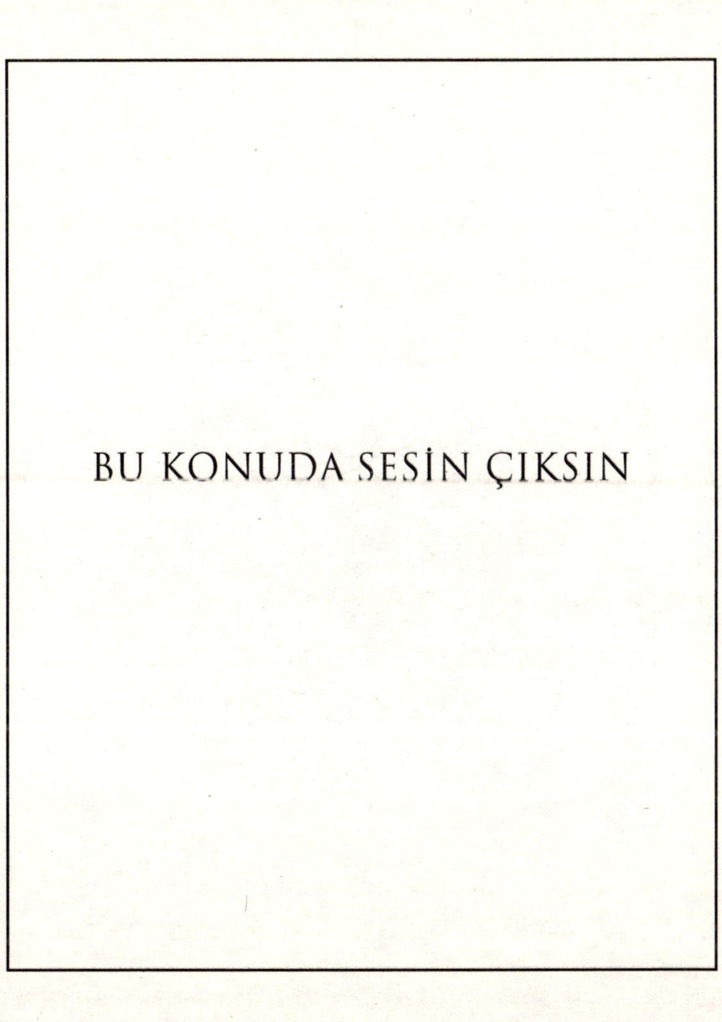

BU KONUDA SESİN ÇIKSIN

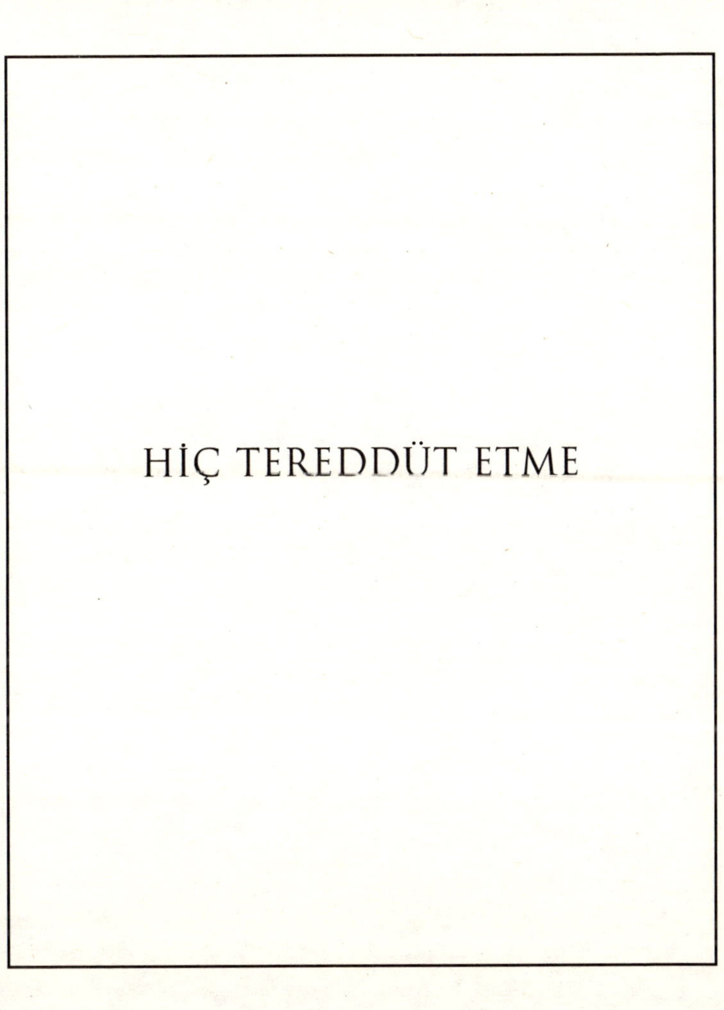

HİÇ TEREDDÜT ETME

ŞU AN, YENİ BİR PLAN YAPMAK İÇİN UYGUN BİR ZAMAN

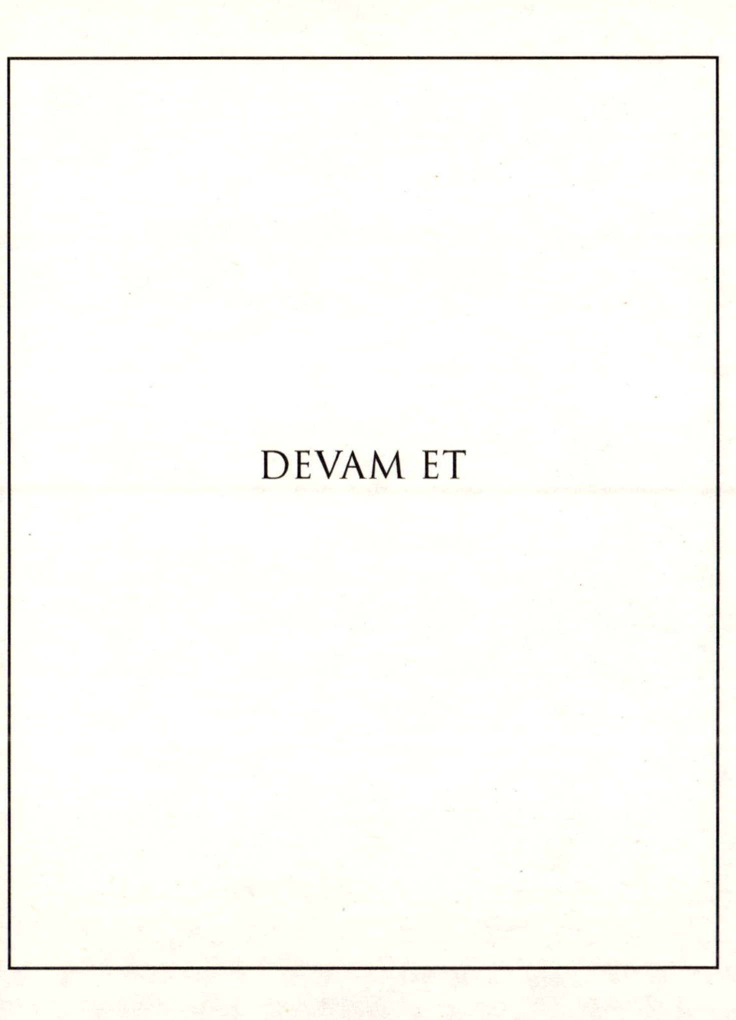

DEVAM ET

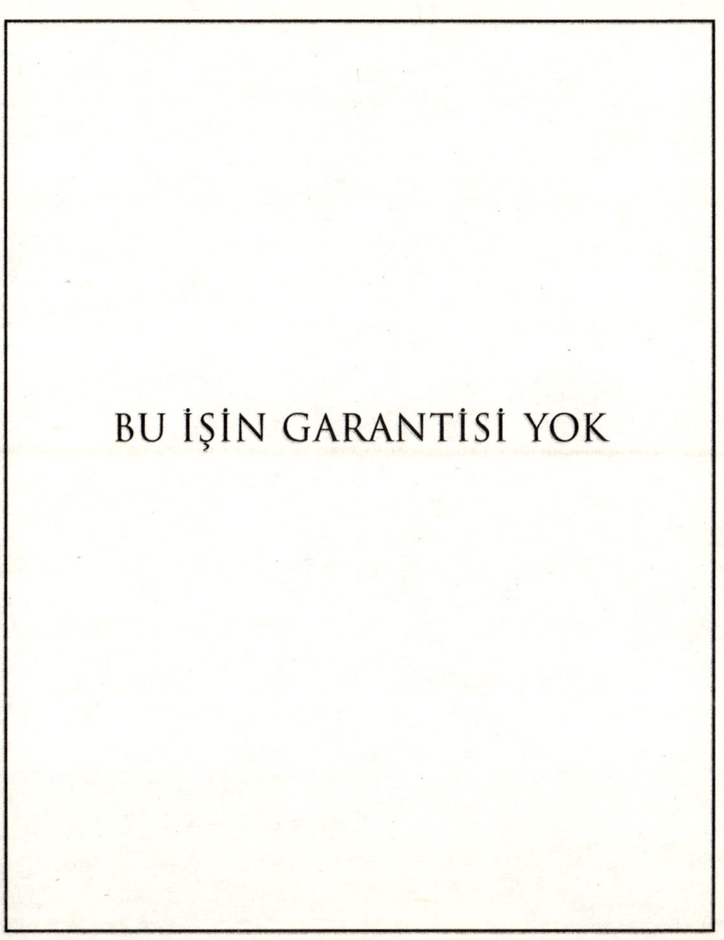
BU İŞİN GARANTİSİ YOK

KOŞULLAR ÇOK ÇABUK DEĞİŞECEKTİR

DUYGULARINA TESLİM OLMA

BAŞKA KONULARA ODAKLAN

BU ÖNEMLİ

NEYİN ÖNEMLİ OLDUĞUNU YENİDEN DÜŞÜN

NİÇİN OLMAYACAĞINI SIRALAYAN BİR LİSTE YAP

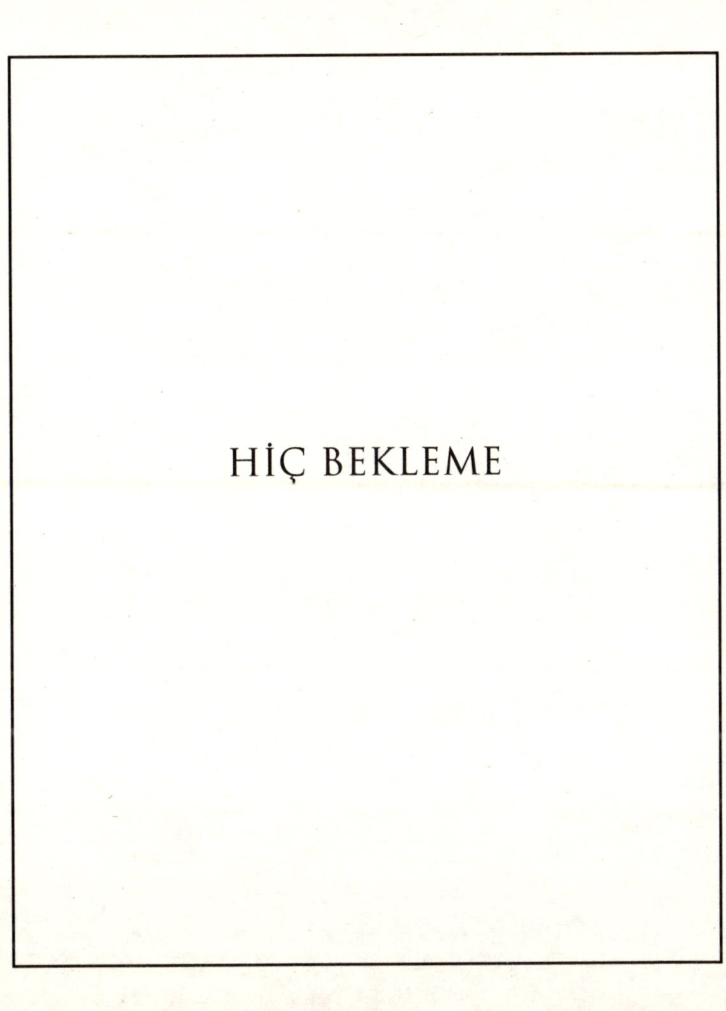

HİÇ BEKLEME

KOŞULLAR, İYİMSER OLMAN İÇİN UYGUN

BU, HİÇ UNUTAMAYACAĞIN BİR ŞEY OLACAK

HAYIR

BAŞKA SEÇENEKLER ARA

SORUMLULUKLARINI YERİNE GETİR

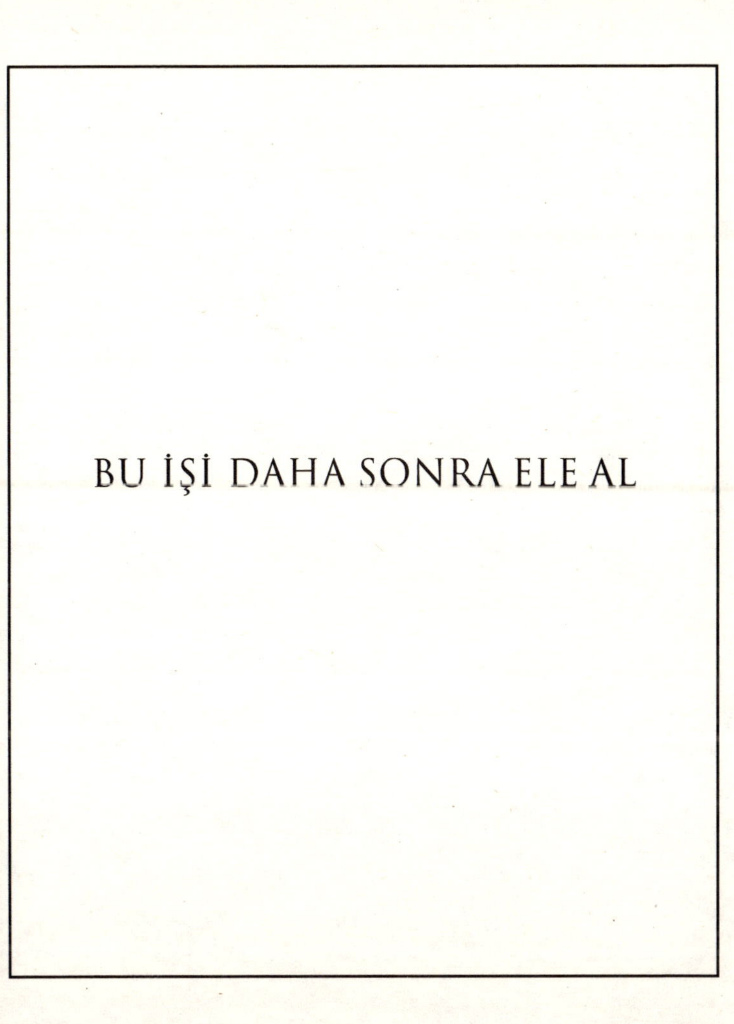

BU İŞİ DAHA SONRA ELE AL

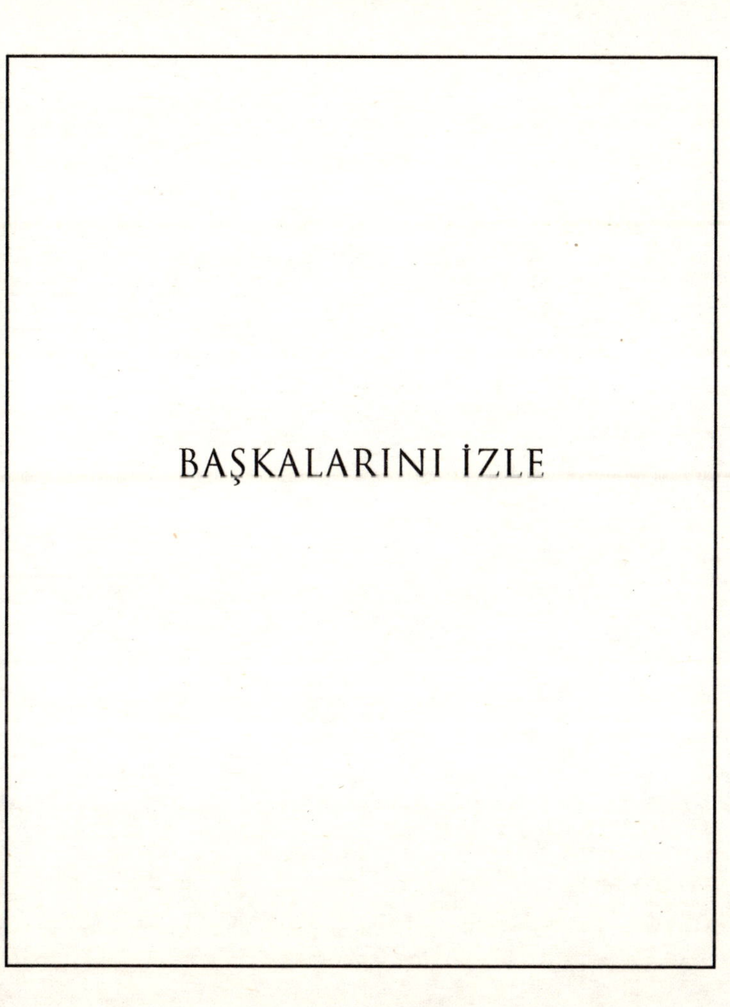

BAŞKALARINI İZLE

NİÇİN OLACAĞINI SIRALAYAN BİR LİSTE YAP

ŞANSINI DENE

HER ZAMANKİNDEN FARKLI BİR YOL İZLE

ÖNDERLİĞİ ELE ALMAN GEREKİYOR

ÖDÜN VERMEN GEREKİYOR

DAHA FAZLA BİLGİYE İHTİYACIN VAR

İLK ALDIĞIN KARARA GÜVEN

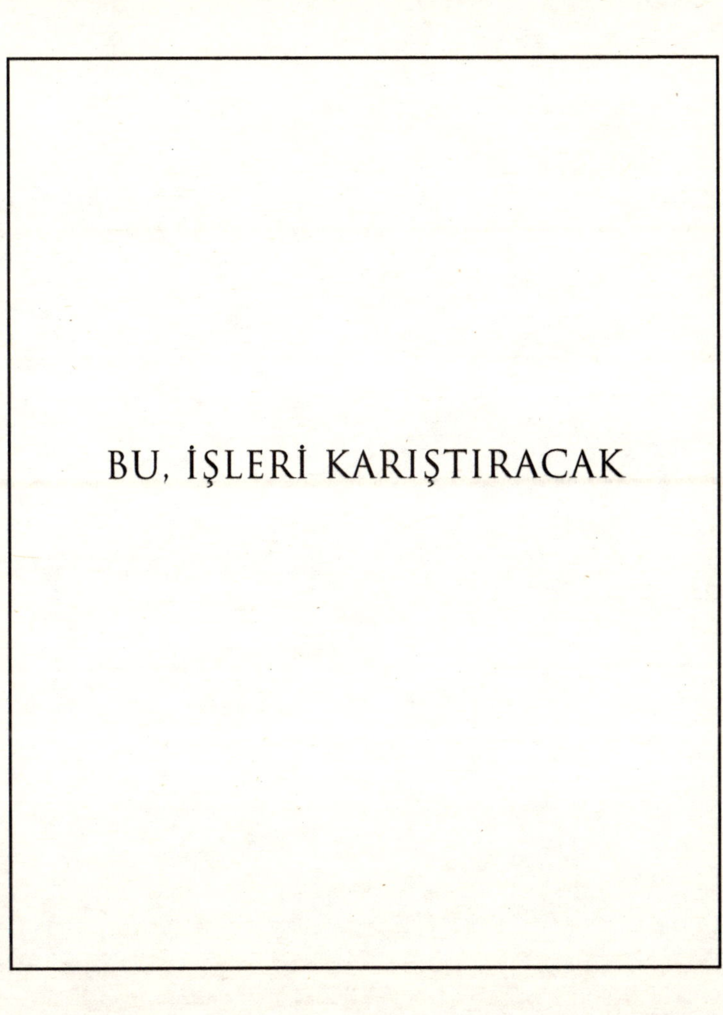

BU, İŞLERİ KARIŞTIRACAK

KENDİ KOYDUĞUN ENGELLERİ ORTADAN KALDIR

İŞİNE ODAKLANMAN DAHA DOĞRU OLACAK

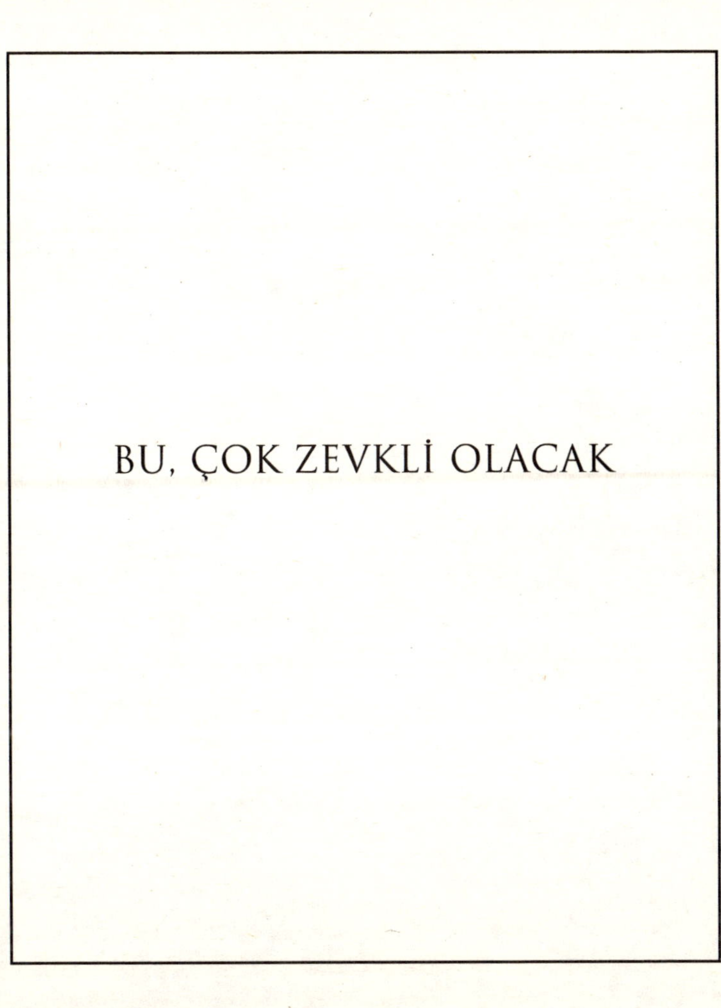

BU, ÇOK ZEVKLİ OLACAK

DAHA CÖMERT OL

BUNDAN EMİN OLABİLİRSİN

BEKLENMEDİK TALİHSİZLİKLERLE KARŞILAŞABİLİRSİN

İŞİ SONUÇLANDIRMAK İÇİN ISRARLI OL

ÇOK FAZLA SEÇENEK DE
TIPKI ÇOK AZ SEÇENEK
GİBİ İŞİ ZORLAŞTIRIR

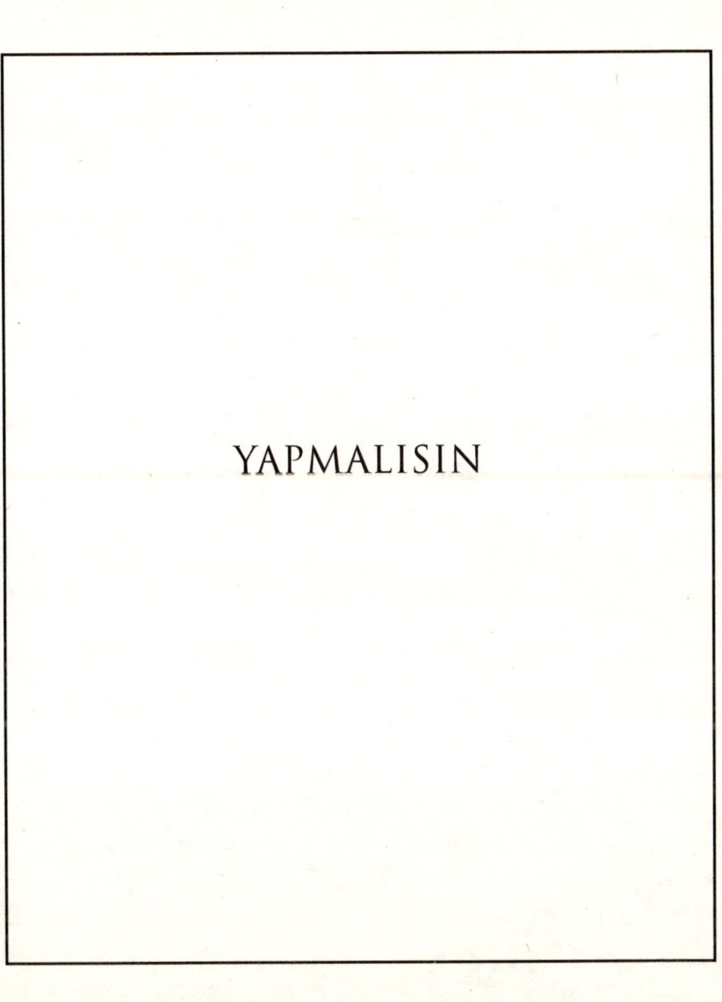

YAPMALISIN

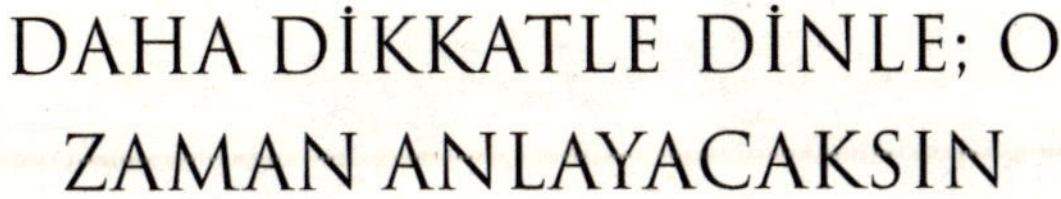

DAHA DİKKATLE DİNLE; O ZAMAN ANLAYACAKSIN

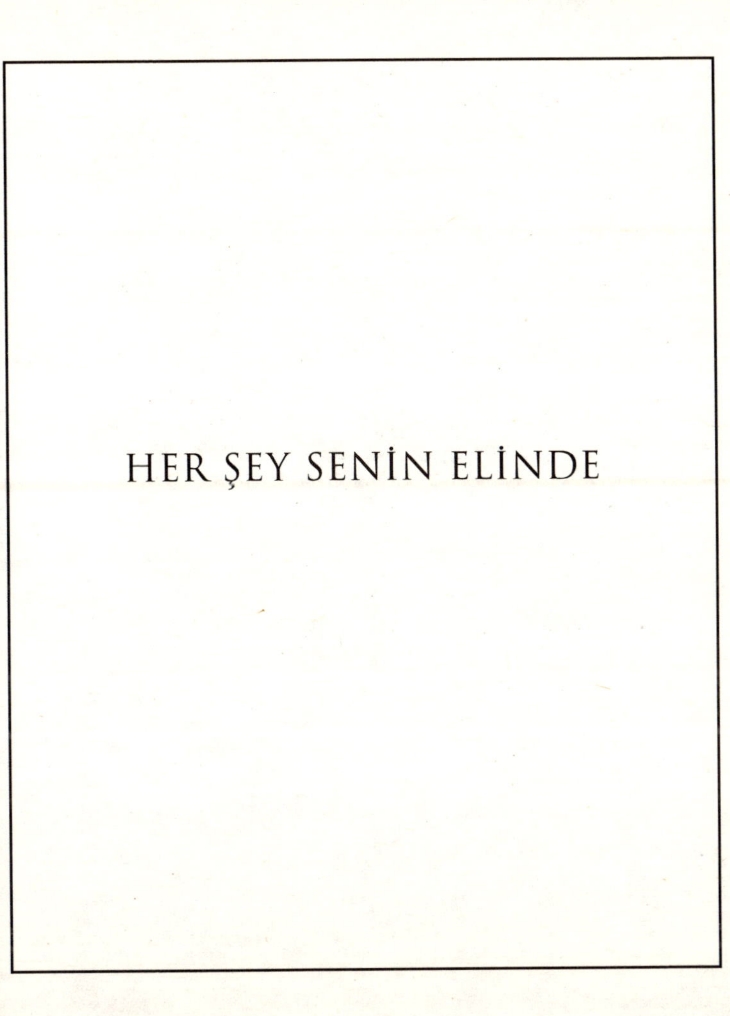

HER ŞEY SENİN ELİNDE

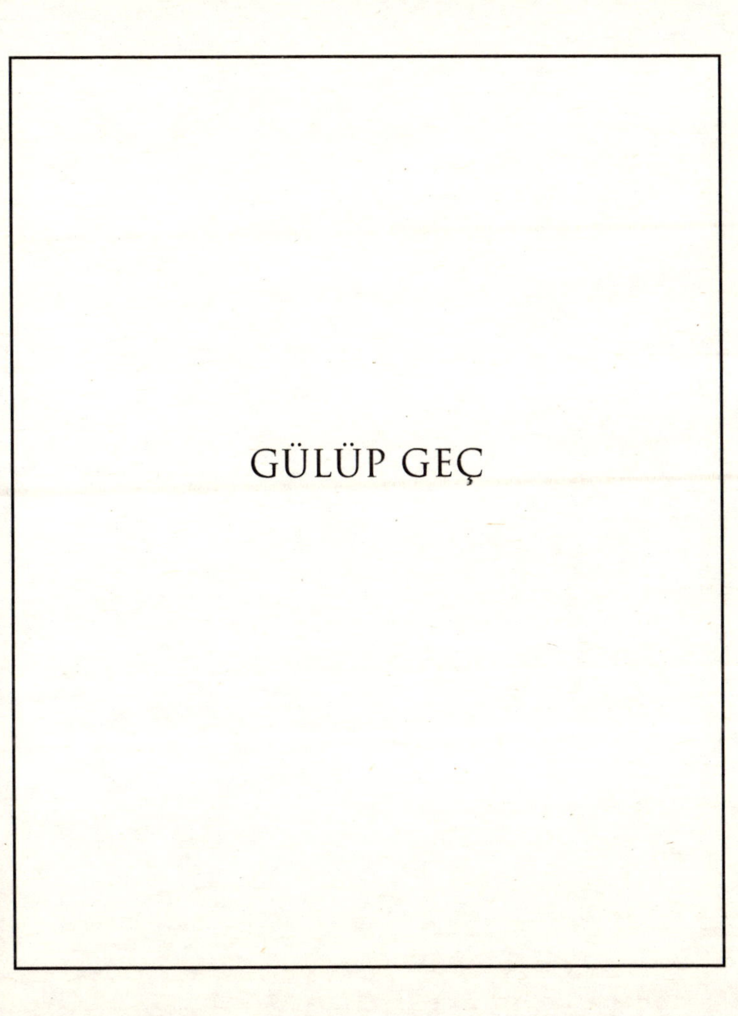

GÜLÜP GEÇ

SEÇİMLERİN, BAŞKALARINI DA ETKİLEYECEK

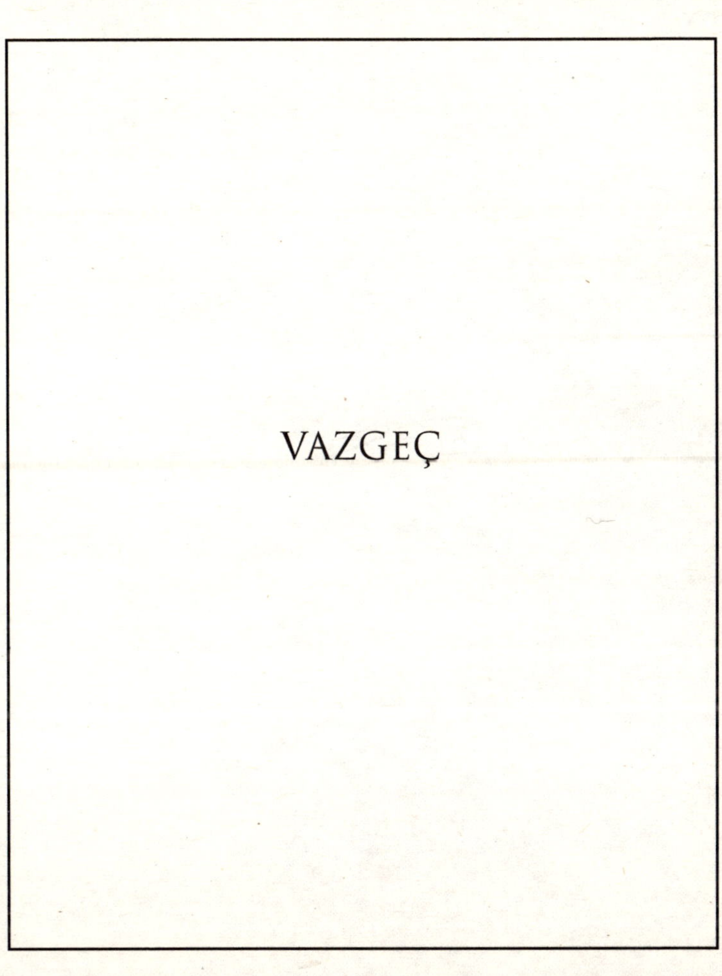

VAZGEÇ

BOŞ YERE PARA HARCAMAK OLUR

ŞİMDİ HAREKETE GEÇME ZAMANI

BAŞARMAK İÇİN TÜM GÜCÜNLE UĞRAŞ

ASLINDA BUNU UMURSAMIYORSUN

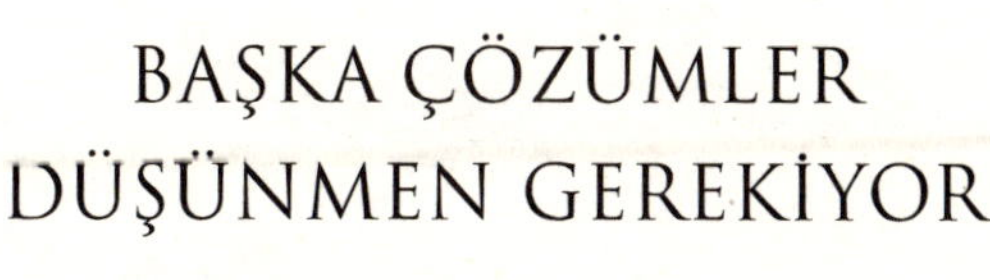

BAŞKA ÇÖZÜMLER DÜŞÜNMEN GEREKİYOR

BİR YIL SONRA BUNUN HİÇBİR ÖNEMİ KALMAYACAK

BOŞUNA ZAMANINI HARCAMA

ÇOK İYİ BİR SONUÇ ELDE EDEBİLİRSİN

ONA KADAR SAY
VE TEKRAR SOR

ŞİMDİDEN OLMUŞ GİBİ DAVRAN

ÖNCELİKLERİ BELİRLEMEN ÇOK ÖNEMLİ

HAYAL GÜCÜNÜ KULLAN

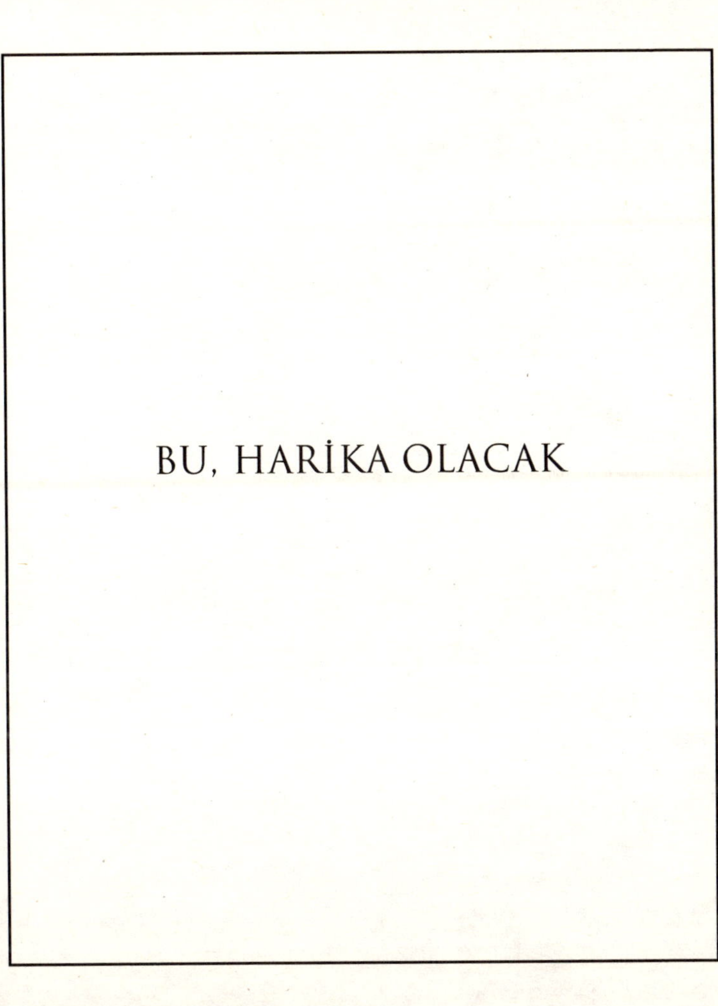

BU, HARİKA OLACAK

EN İYİ KARARA VARMAK İÇİN, SAKİN OLMALISIN

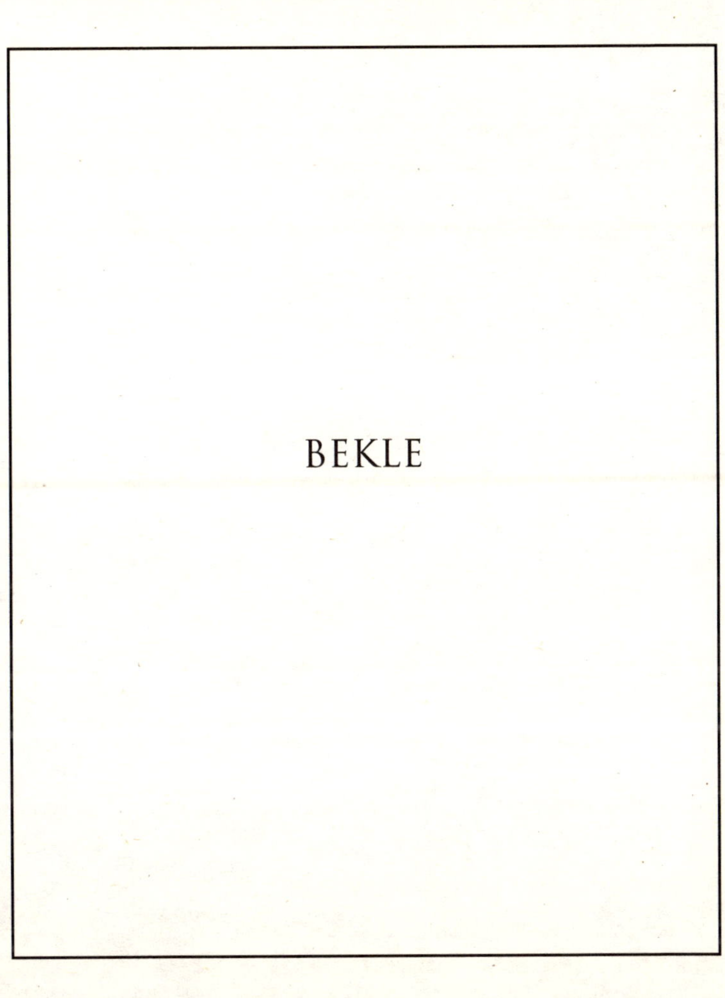

BEKLE

BAZI ŞEYLERE,
BAŞLADIKTAN SONRA
KARAR VERMEN
GEREKECEK

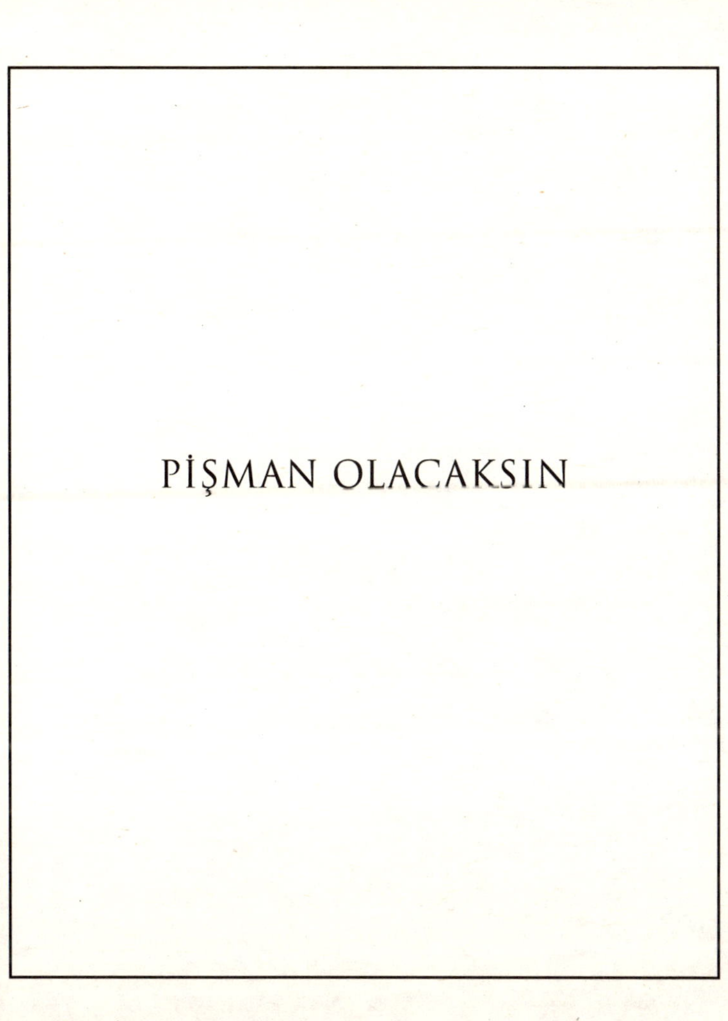

PİŞMAN OLACAKSIN

HİÇ KUŞKU DUYMA

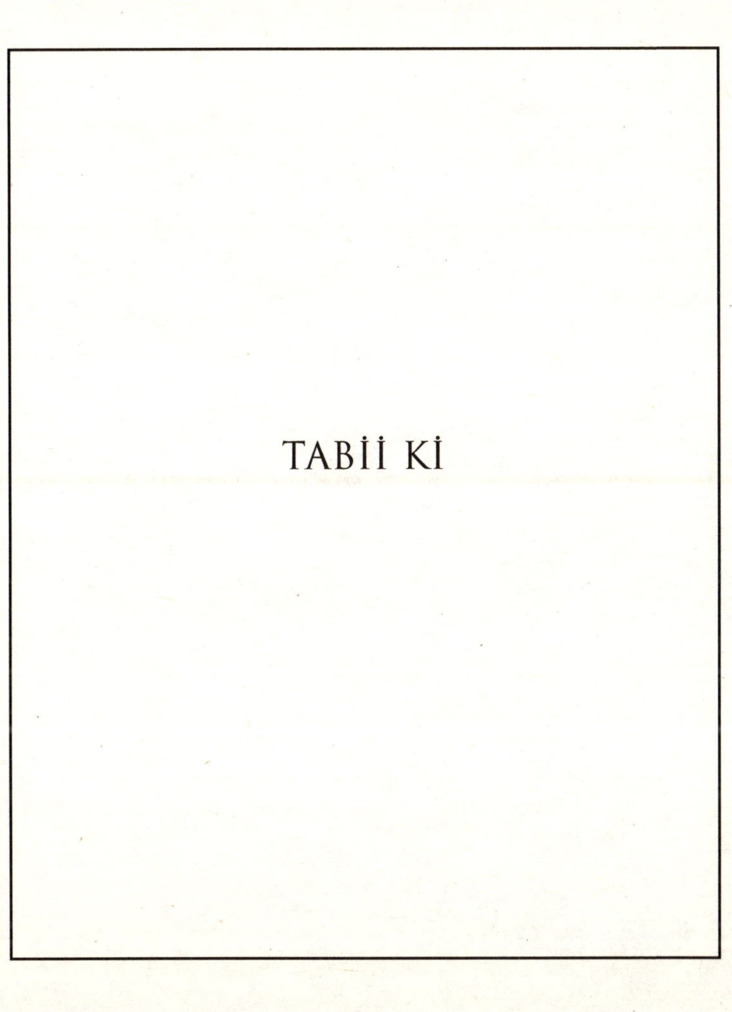

TABİİ Kİ

ARTIK BU KONUDA YETERİNCE DENEYİMİN VAR

İÇGÜDÜLERİNE GÜVEN

BUNU BİR FIRSAT OLARAK GÖR

BABANA SOR

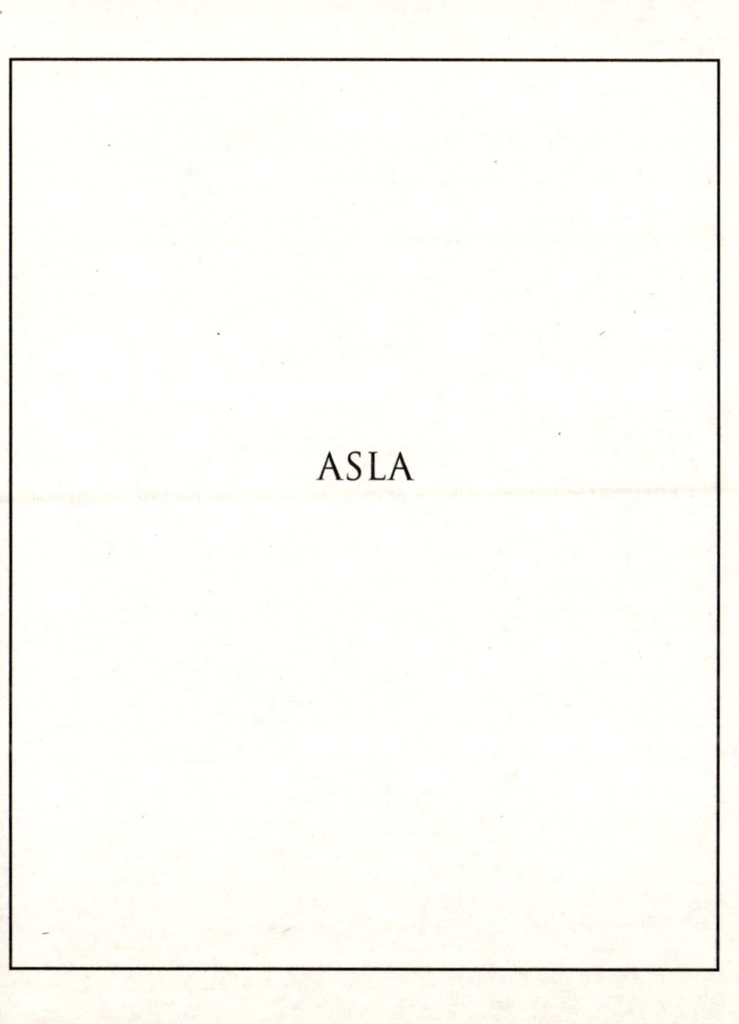

ASLA

ANNENE SOR

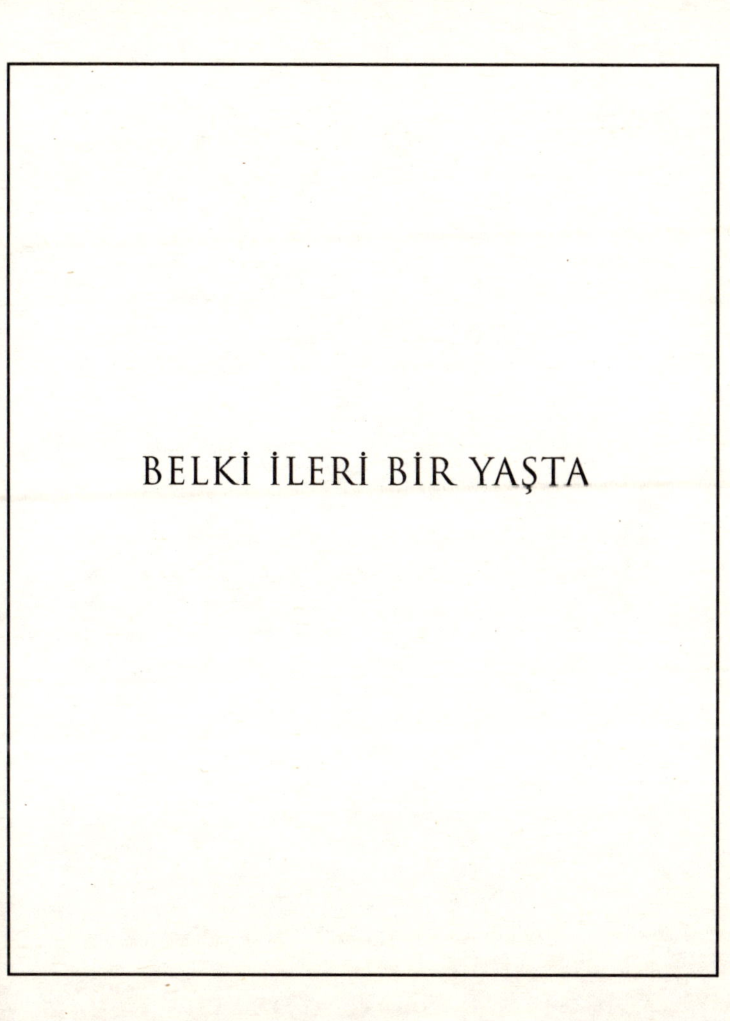

BELKİ İLERİ BİR YAŞTA

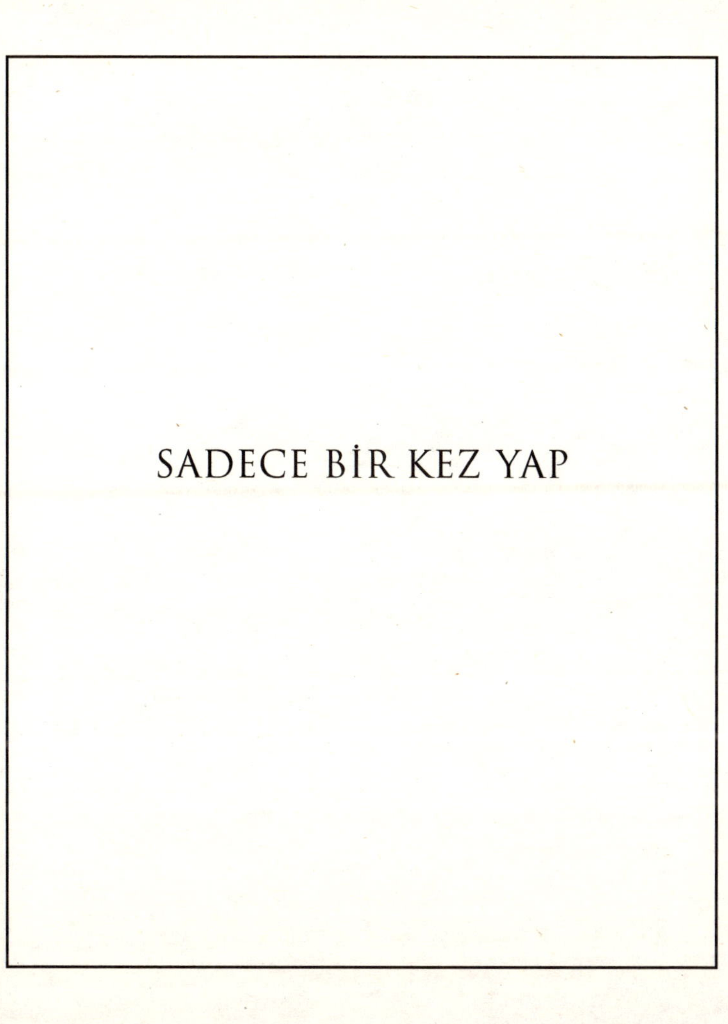

SADECE BİR KEZ YAP

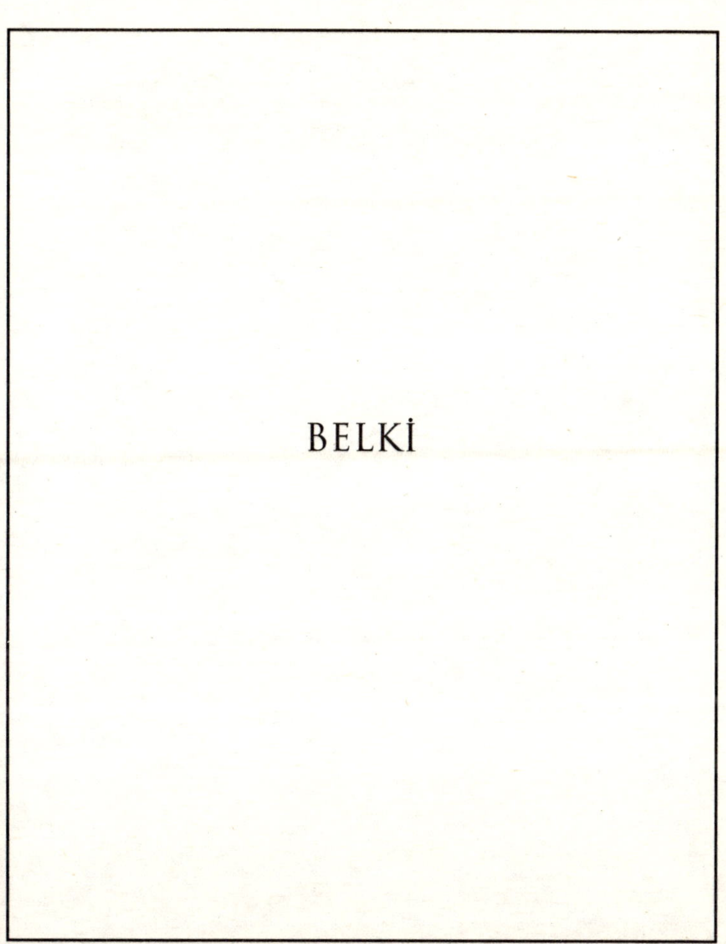

BELKİ

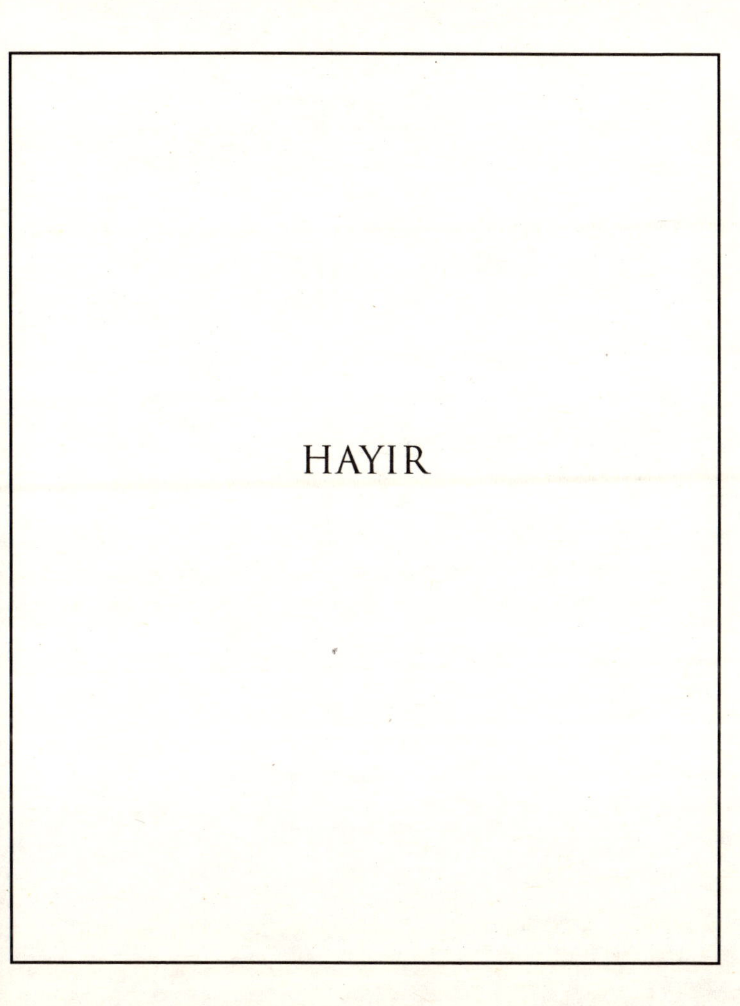

HAYIR

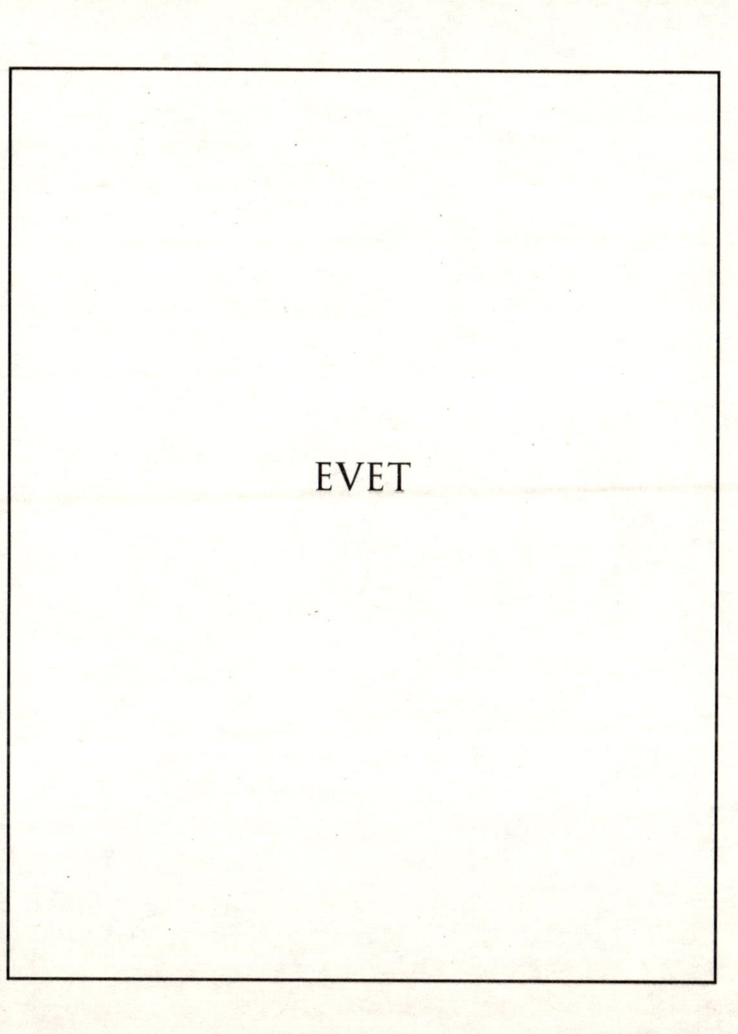

EVET

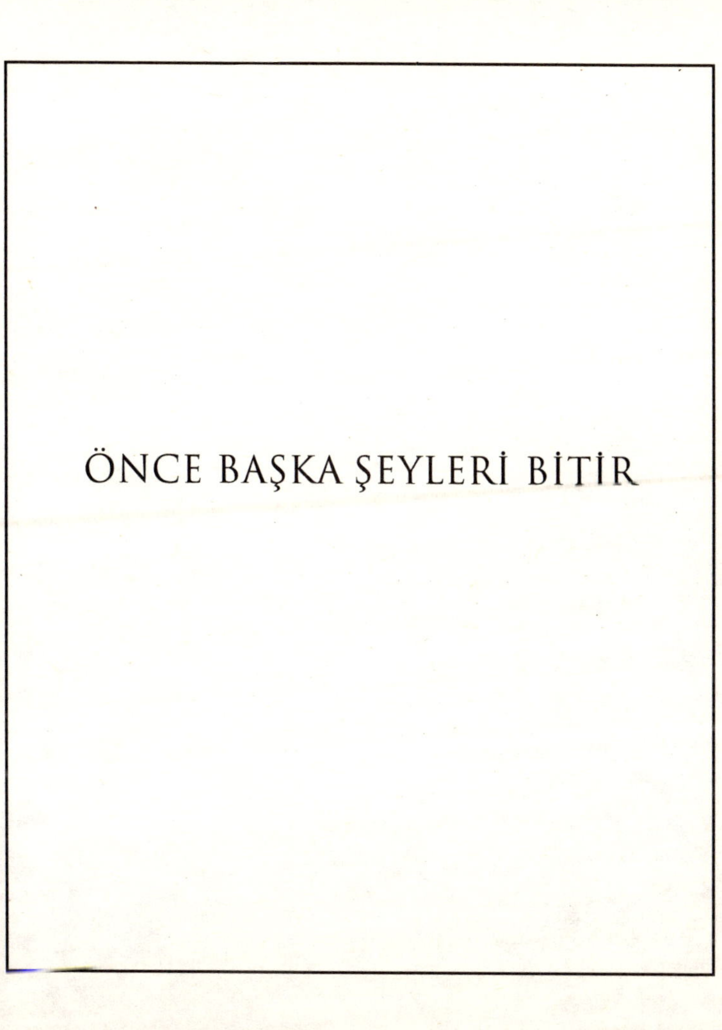

ÖNCE BAŞKA ŞEYLERİ BİTİR

SANA KARŞI ÇIKANLAR OLABİLİR

ÇOK YAKINDAN BAKTIĞIN İÇİN BÜTÜNÜ GÖREMİYORSUN

DURUM NET DEĞİL

CİDDİ BİR ÇABA GEREKİYOR

ÖNCE, DİNLENMEK İÇİN KENDİNE ZAMAN TANI

BU FIRSAT TEKRAR ELE GEÇMEZ

YAKLAŞIMINI YENİDEN GÖZDEN GEÇİR

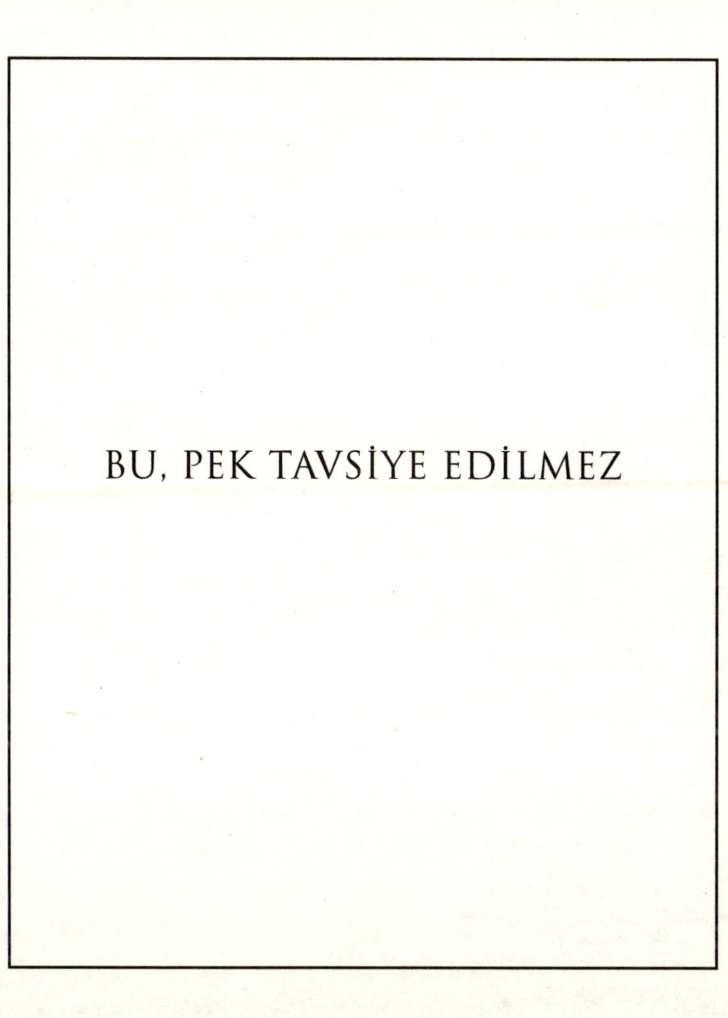

BU, PEK TAVSİYE EDİLMEZ

DAHA İYİ BİR FIRSAT BEKLE

FAZLA VAKİT GEÇİRMEDEN SONUÇLANDIR

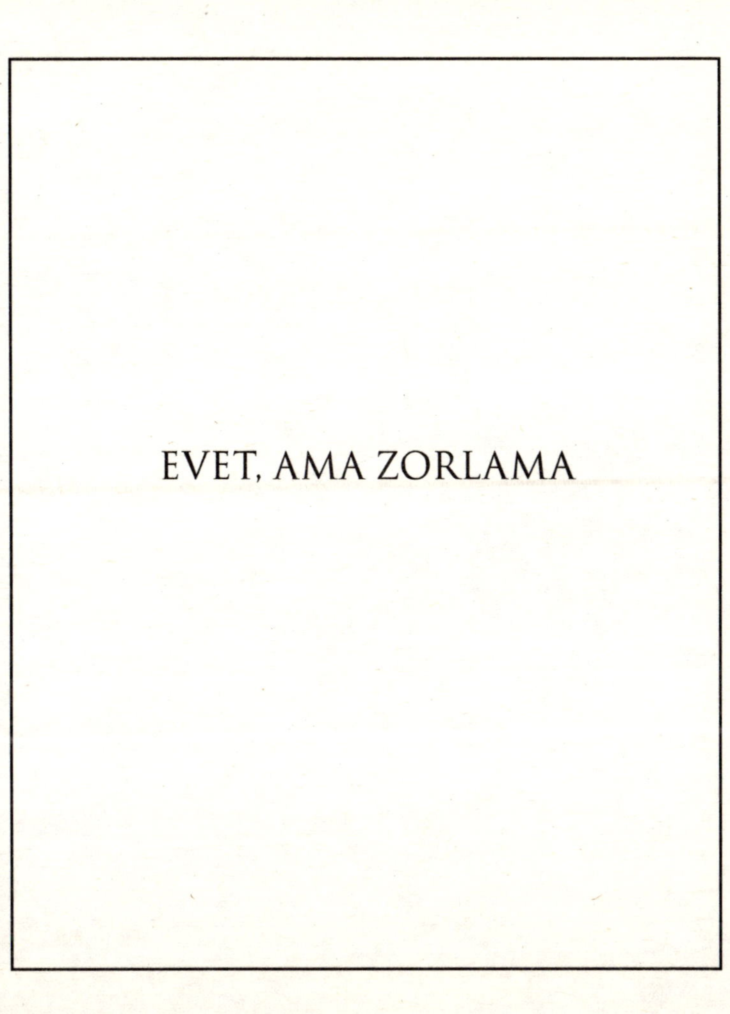

EVET, AMA ZORLAMA

OLAYLARI DAHA NET
GÖREBİLECEĞİN BİR BAKIŞ
AÇISI SEÇ

ŞANSINI DENE

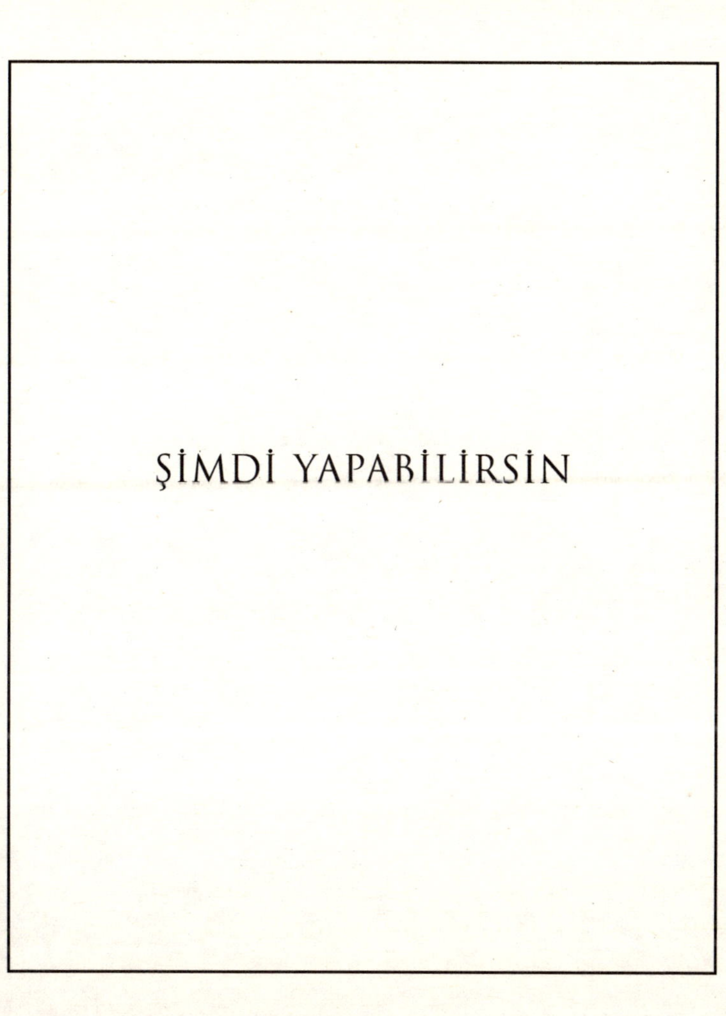

ŞİMDİ YAPABİLİRSİN

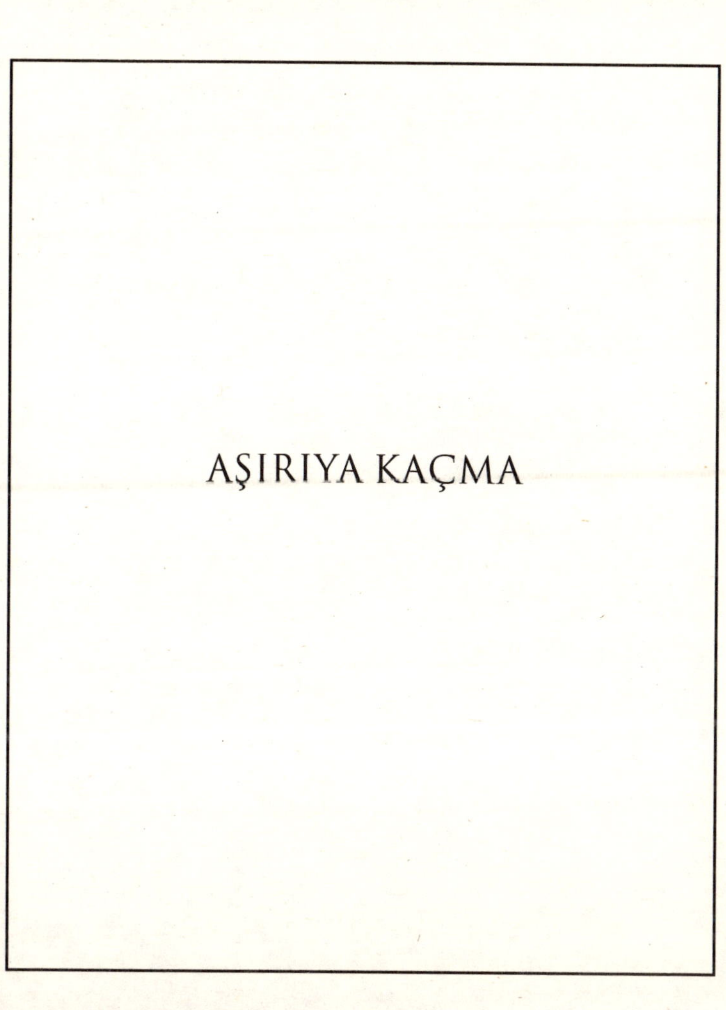

AŞIRIYA KAÇMA

SANA ÖNEMLİ BİR DESTEK OLACAK

SANA PAHALIYA PATLAYACAK

BUNUN, İŞLERİ DAHA CAZİP HALE GETİRECEĞİ KESİN

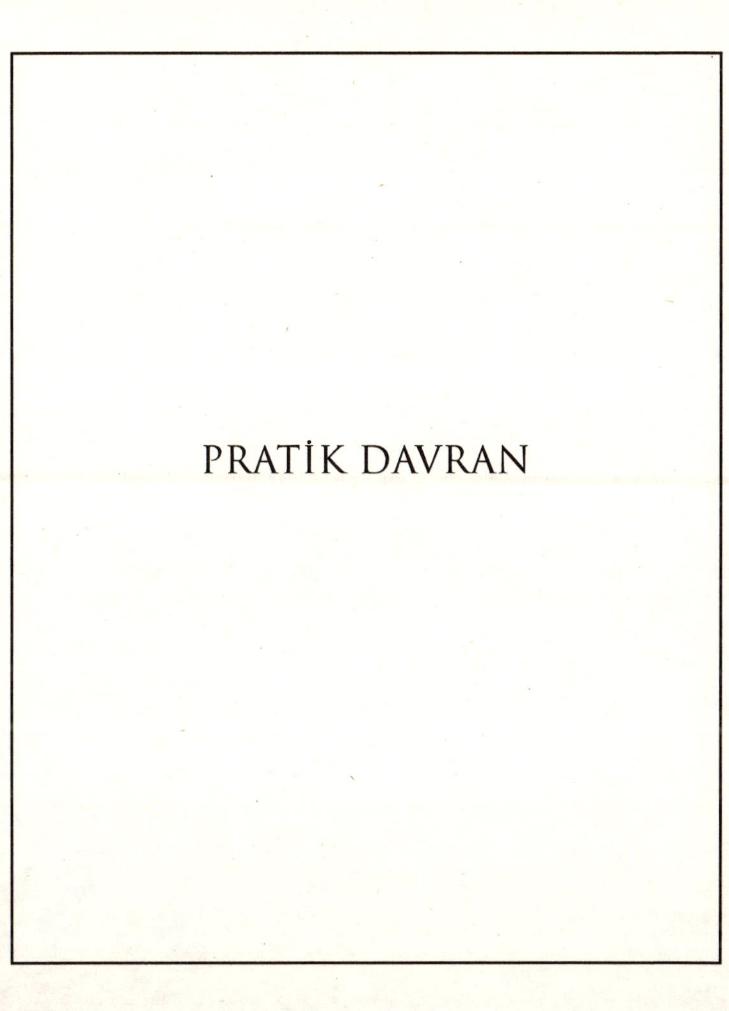

PRATİK DAVRAN

BOŞUNA ÇABA SARF ETME

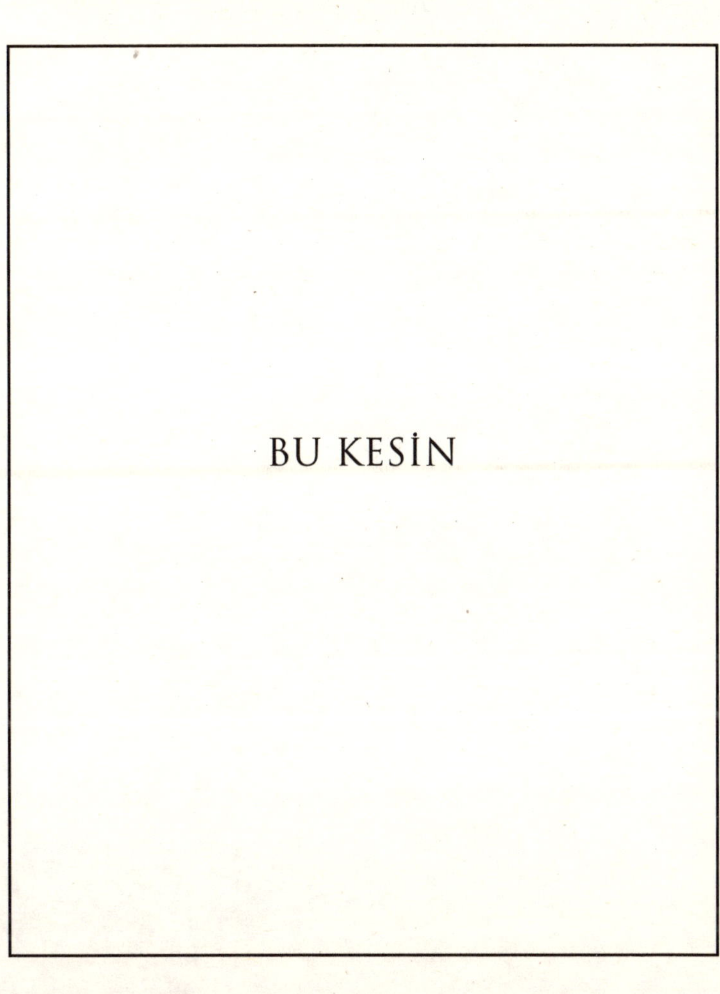

BU KESİN

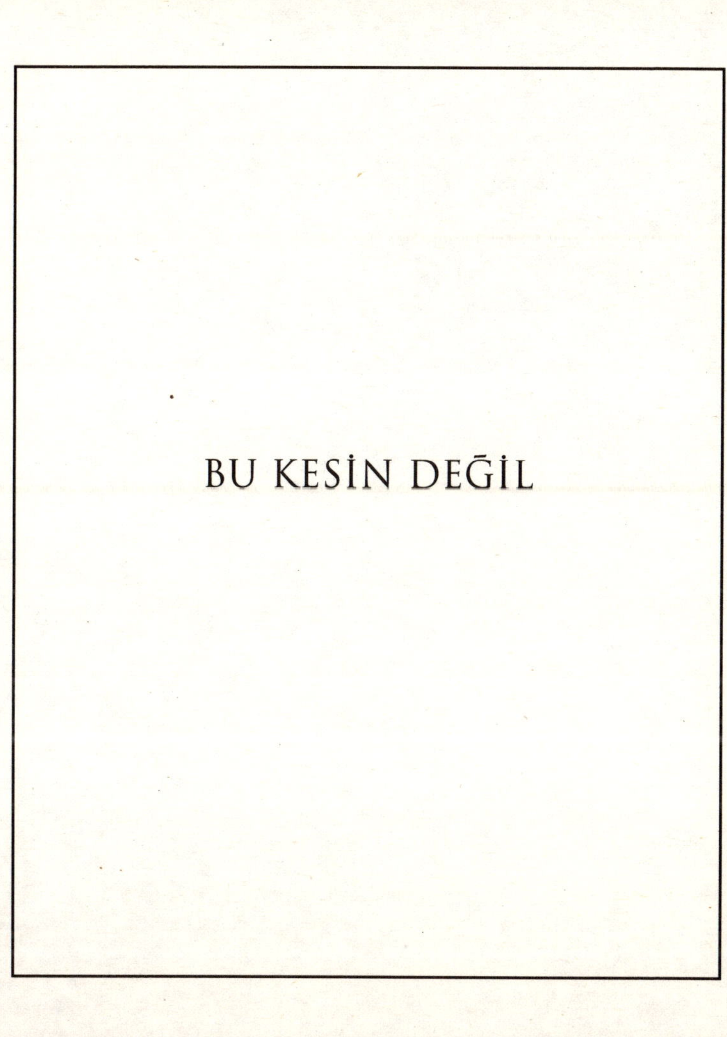

BU KESİN DEĞİL

SONUÇ OLUMLU OLACAKTIR

NE OLURSA OLSUN

BAZI ŞEYLERDEN VAZGEÇMEN GEREKEBİLİR

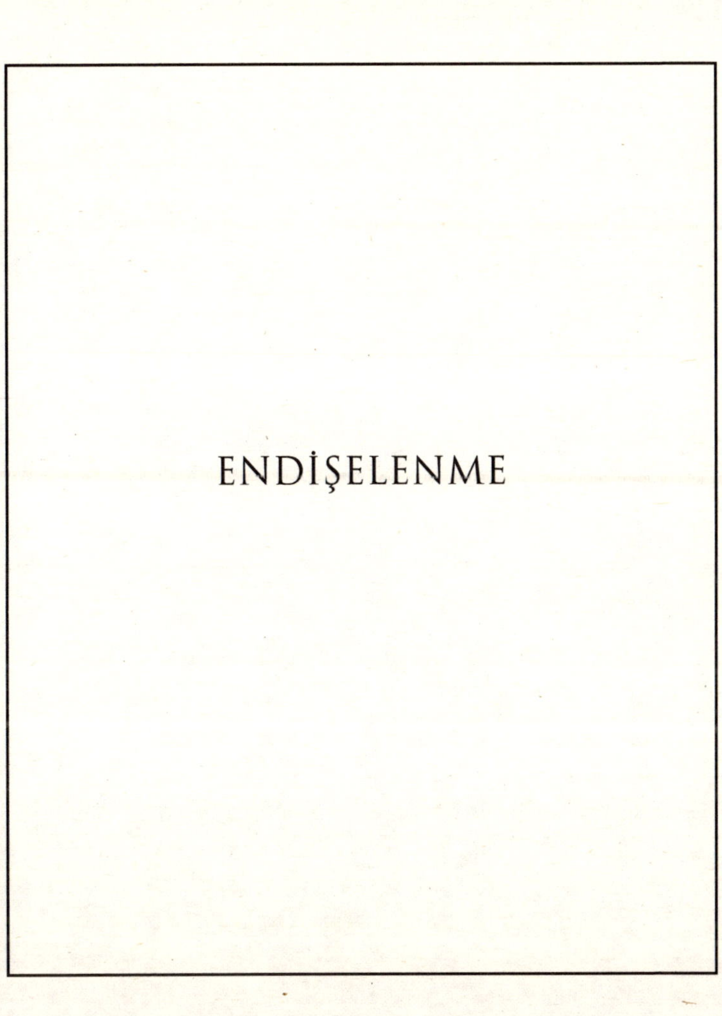

ENDİŞELENME

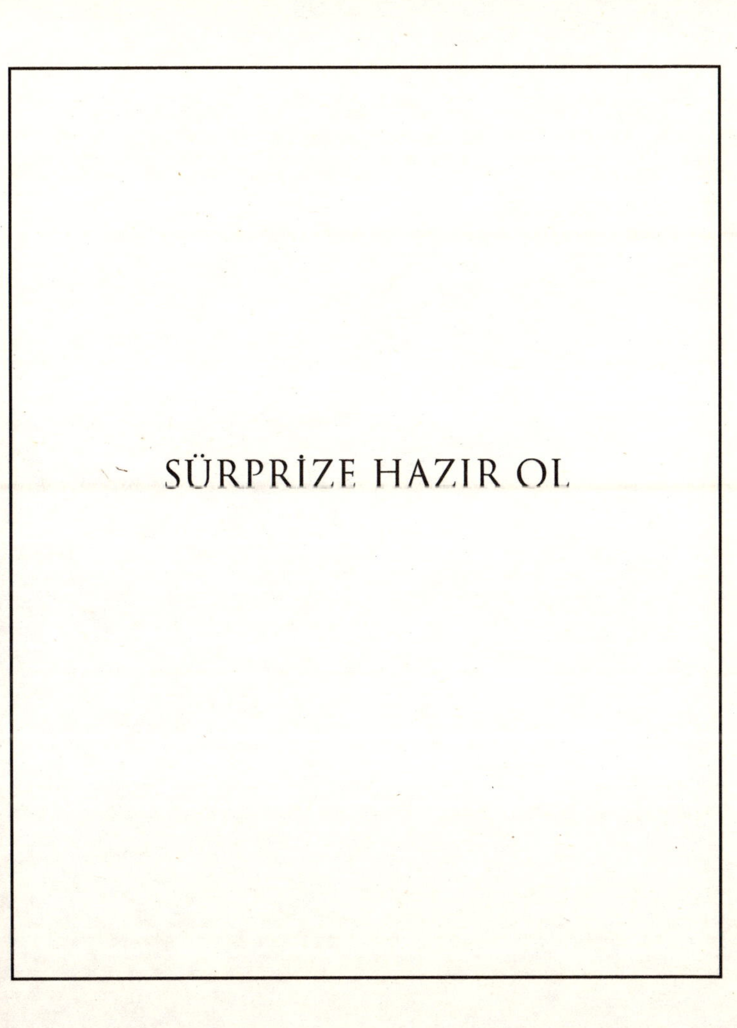

SÜRPRİZE HAZIR OL

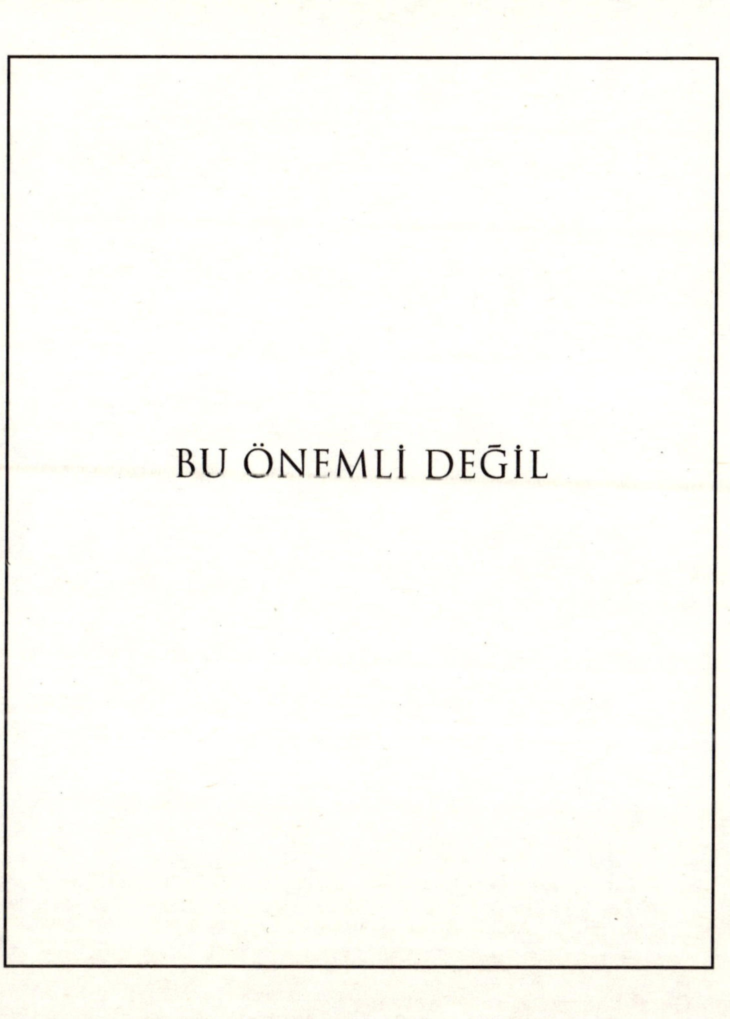

BU ÖNEMLİ DEĞİL

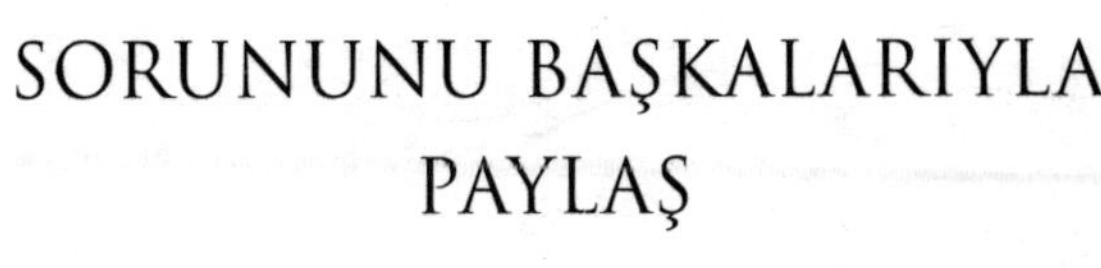

SORUNUNU BAŞKALARIYLA PAYLAŞ

YAPTIKLARININ SONUCU KALICI OLACAK

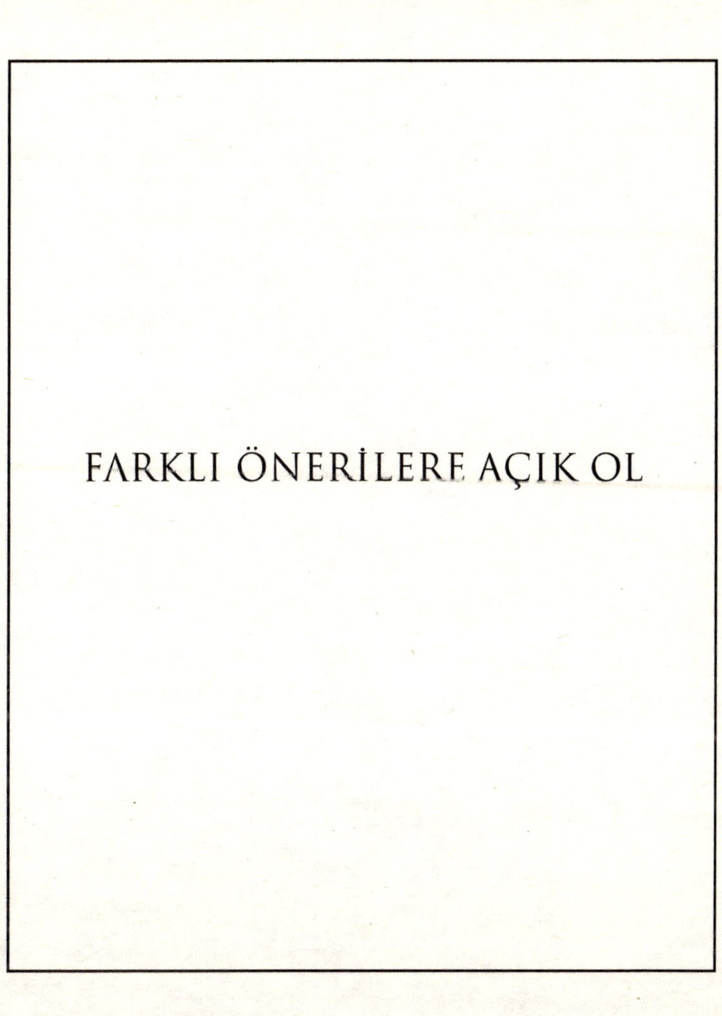

FARKLI ÖNERİLERE AÇIK OL

YENİ BİR PLAN YAPMAK İÇİN İYİ BİR ZAMAN

BELKİ ZOR OLACAK AMA FAYDASINI GÖRECEKSİN

BU İŞ, ÇABA HARCAMAYA DEĞER

AŞILMASI GEREKEN ENGELLER OLACAK

BUNUNLA BAĞLANTILI
YENİ KONULAR ORTAYA
ÇIKABİLİR

MUTLAKA DESTEK GÖRECEKSİN

YARDIM ALIRSAN BAŞARIYA ULAŞACAKSIN

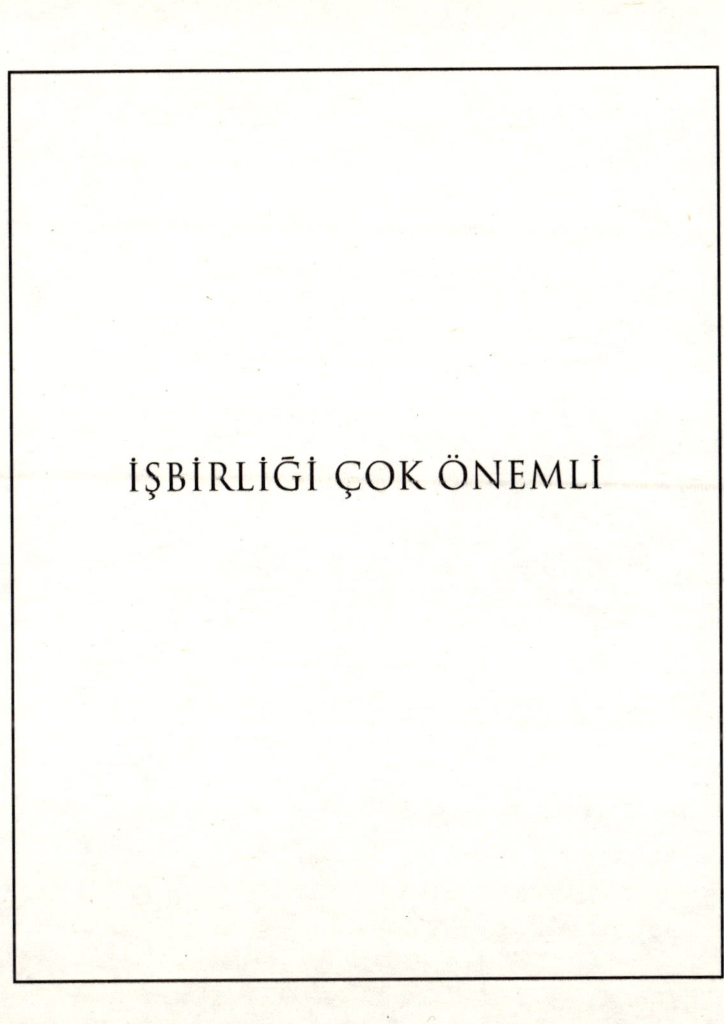

İŞBİRLİĞİ ÇOK ÖNEMLİ

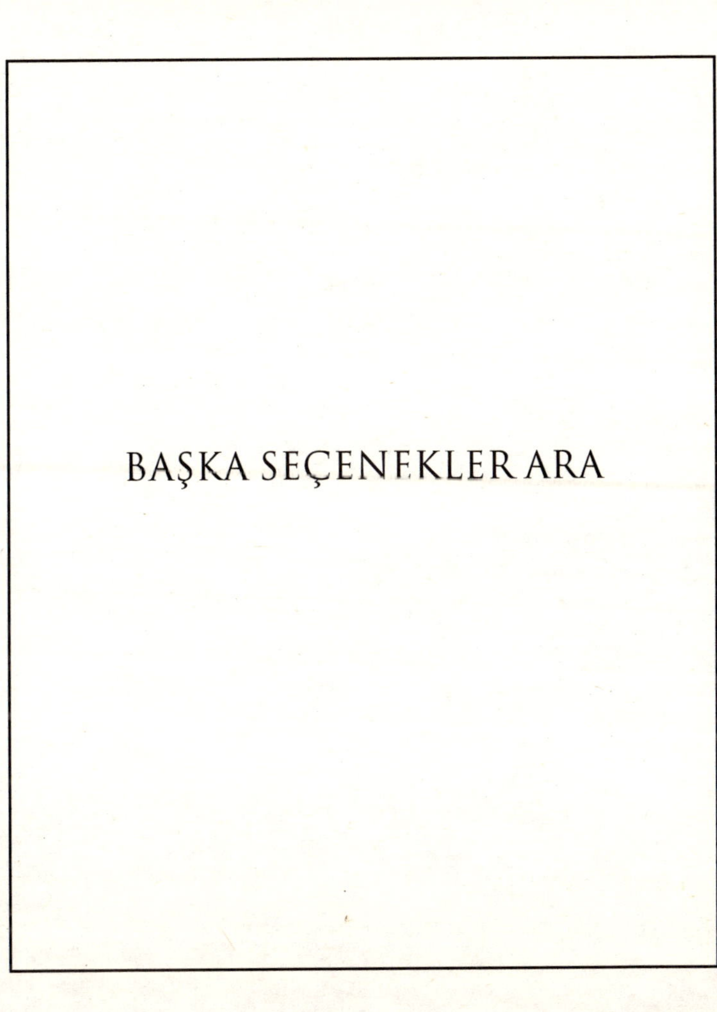
BAŞKA SEÇENEKLER ARA

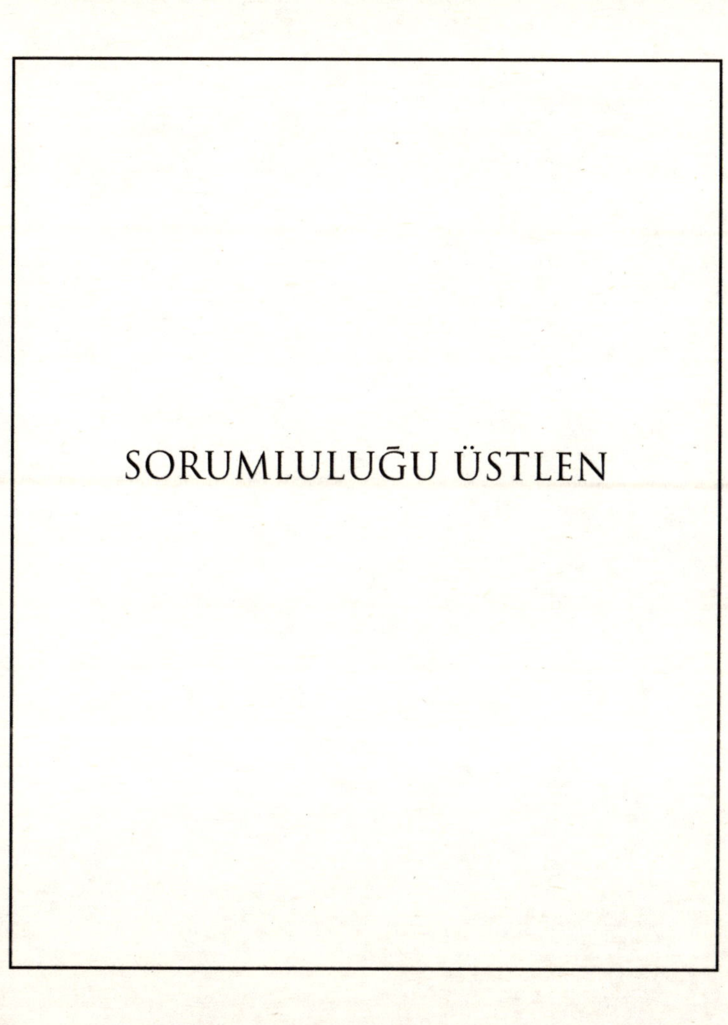

SORUMLULUĞU ÜSTLEN

MUTLAKA BAŞARILI OLACAKSIN

ŞİMDİ HAREKETE GEÇMELİSİN

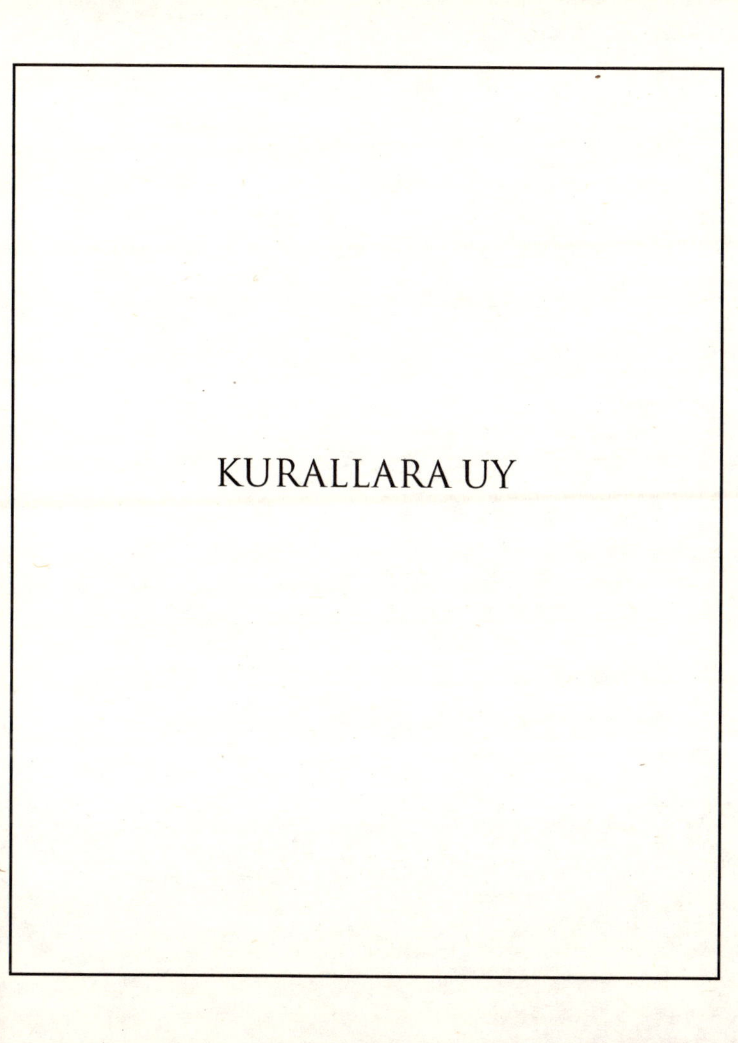

KURALLARA UY

BİRAZ ISRAR İŞE YARAYACAK

HAYAL KIRIKLIĞINA UĞRAYACAKSIN

BU İŞİ OLDU BİL

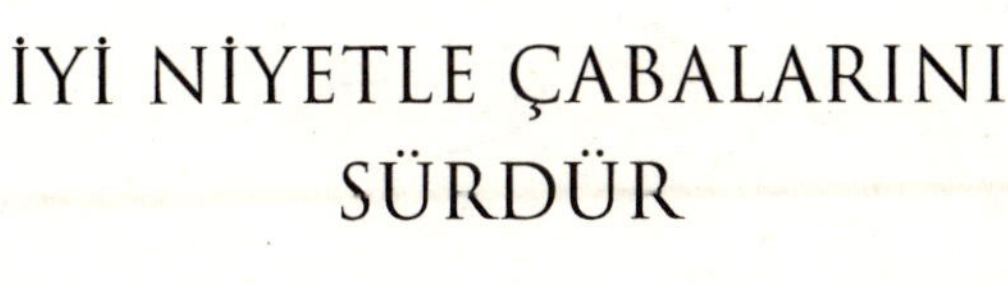

İYİ NİYETLE ÇABALARINI SÜRDÜR

KARAR VERMEK İÇİN DAHA FAZLA ZAMAN AYIR

ACELE DAVRANMAK ZORUNDA DEĞİLSİN

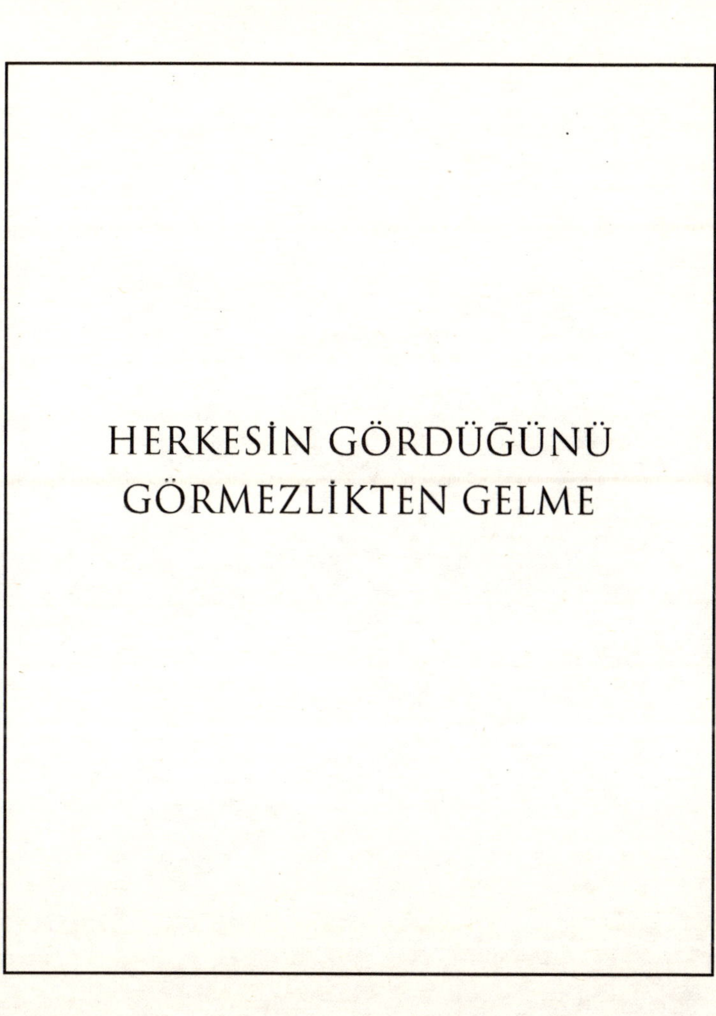

HERKESİN GÖRDÜĞÜNÜ GÖRMEZLİKTEN GELME

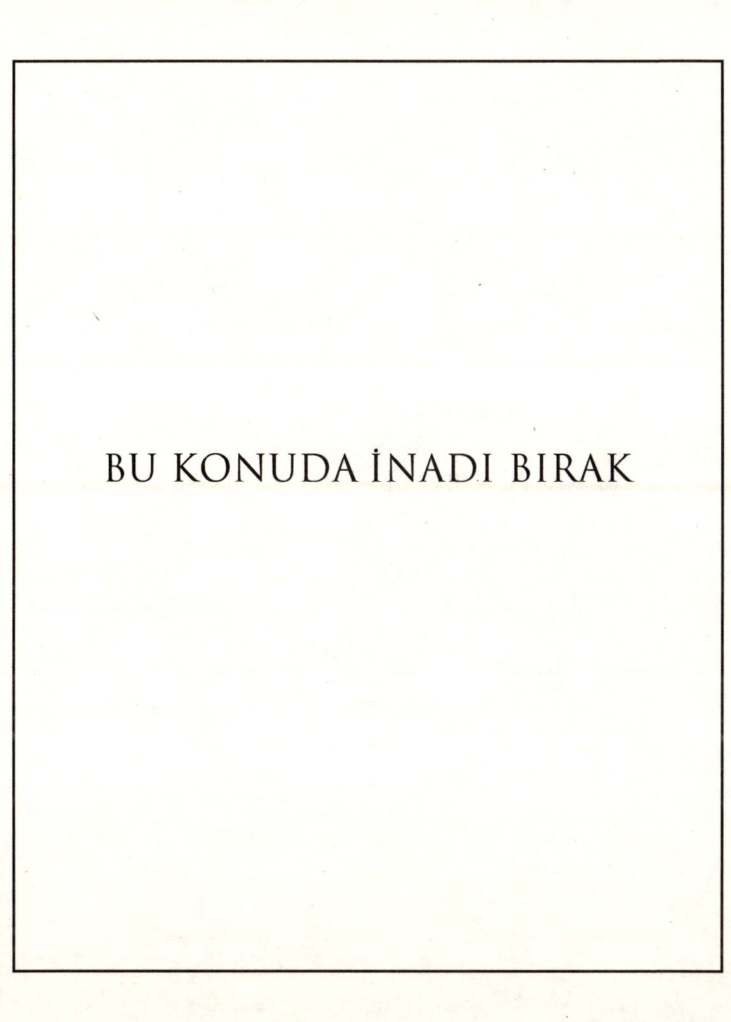

BU KONUDA İNADI BIRAK

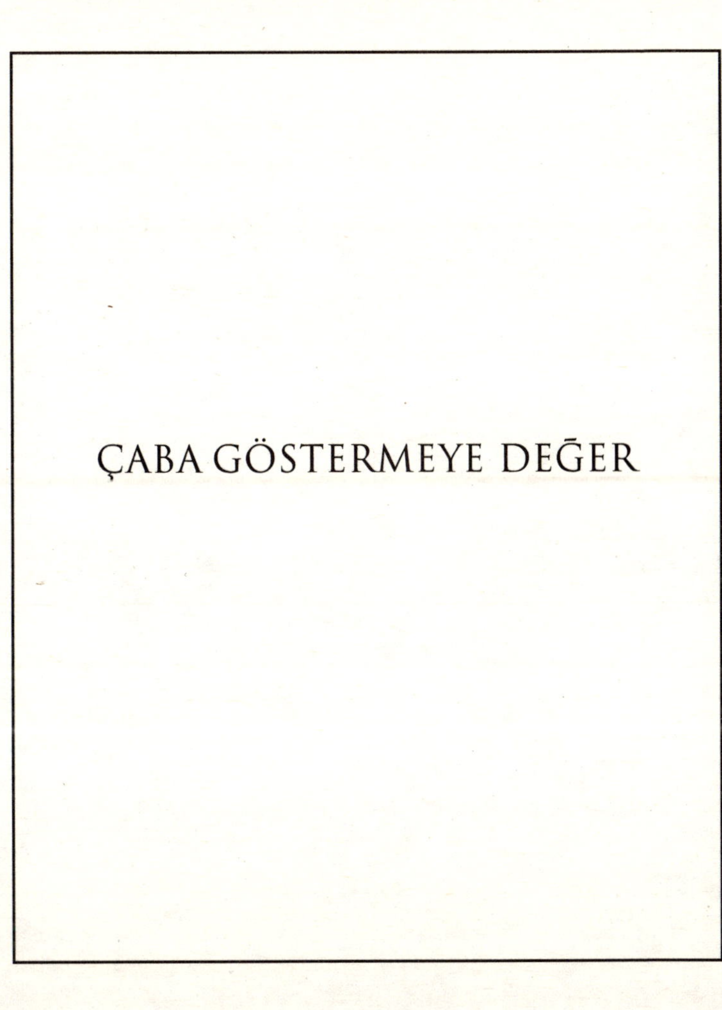

ÇABA GÖSTERMEYE DEĞER

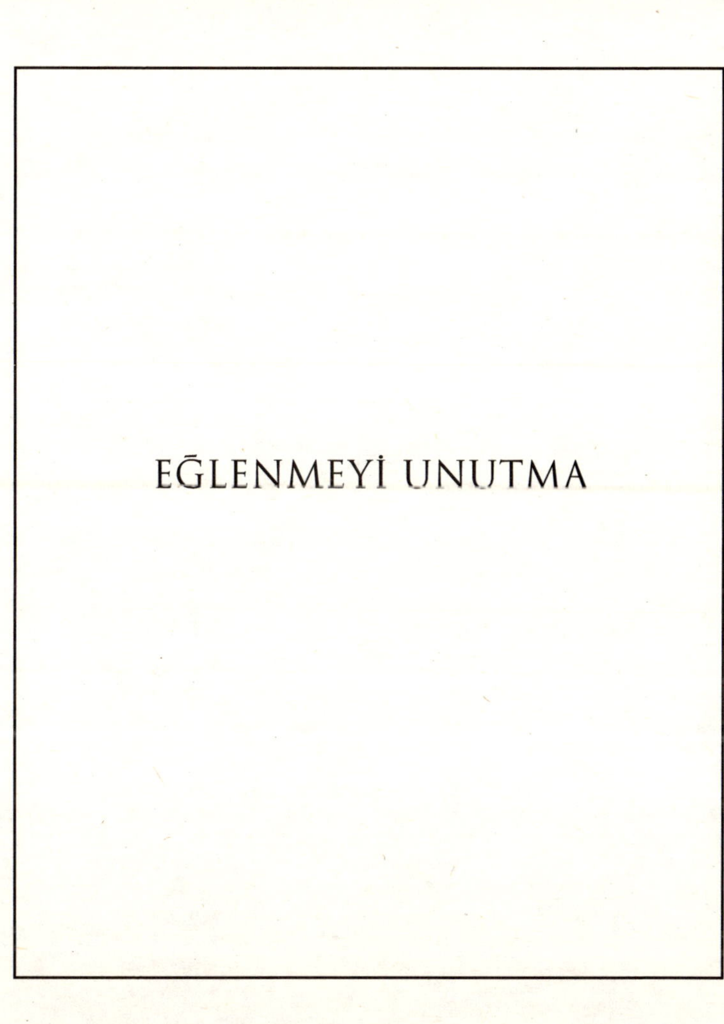

EĞLENMEYİ UNUTMA

HİÇ KUŞKU DUYMA

SORUMLULUĞU
ÜSTLENİRSEN
İYİ SONUÇLARA
ULAŞACAKSIN

HİÇ DENENMEMİŞ BİR
ÇÖZÜM DÜŞÜN

ESKİ ÇÖZÜMLERİ BİR YANA BIRAK

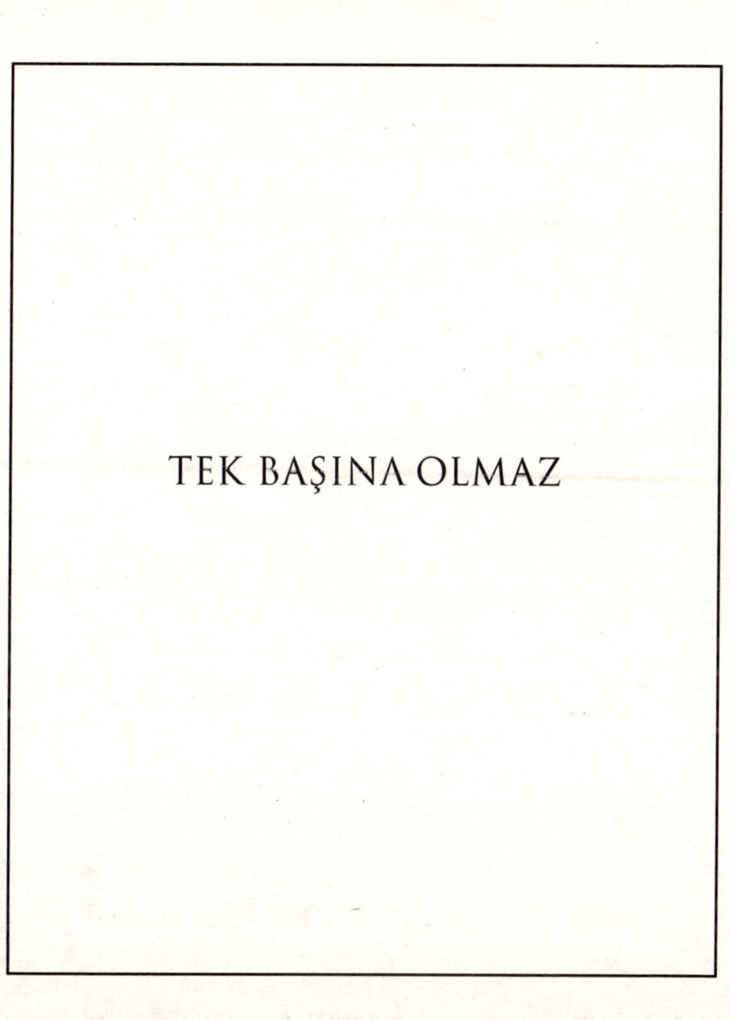
TEK BAŞINA OLMAZ